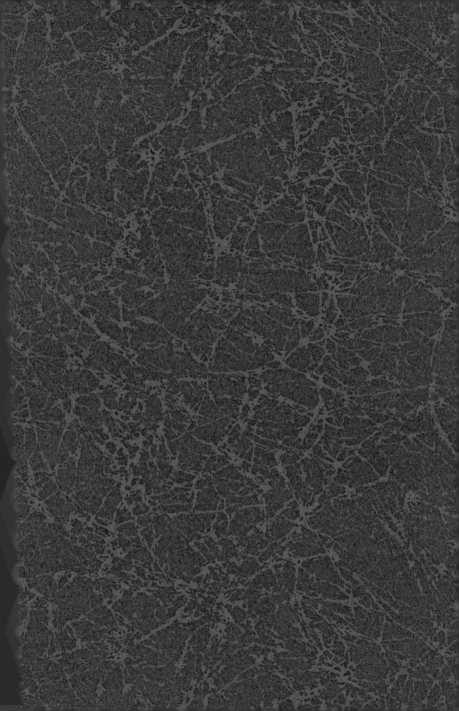

死刑囚になったヒットマン

「前橋スナック銃乱射事件」実行犯・獄中手記

小日向将人

解説 山本浩輔（元週刊文春記者）

文藝春秋

死刑囚になったヒットマン

「前橋スナック銃乱射事件」実行犯・獄中手記

目次

第七章 謝罪 ――手記❼ 199

ブックデザイン　観野良太

はじめに

「前橋スナック銃乱射事件」の実行犯、小日向将人《こひなたまさと》死刑囚（事件当時三三歳）が収監されている東京拘置所で約二年の歳月をかけて書いた手記を、二〇二二年二月一一日、「文春オンライン」で公開した。手記は手書きの原稿用紙二五〇枚に及んだが、インターネット上のニュース原稿ではそのすべてを公開することは難しかった。本書は手記の全貌を収録したものである。

前橋スナック銃乱射事件は、二〇年前の二〇〇三年一月二五日に発生した。雪の残る寒い夜だった。当時、指定暴力団、住吉会の幸平《こうへい》一家矢野睦《やのむつみ》会に所属していた小日向死刑囚と山田健一郎死刑囚が、前橋市内のスナックに押し入り、拳銃を発砲。抗争相手のヤクザを狙ったものだったが、文字通り乱射された銃弾は、酒をたしなんでいた無辜の一般人三人の命を奪った。ターゲットの配下も一名射殺したが、肝心の相手は被弾しながらも一命は取り留めた。二〇二四年現在よりも、ヤクザの抗争は見境無く激しいものだったろうが、一般の人が三人も殺害される事件は異例で、この許しがたい暴挙に連日、マスコミの報道は過熱した。

事件はなぜ発生したのか。詳しくは、小日向死刑囚の手記をひもときながら、明らかにしていきたいが、きっかけとなった事件が「四ツ木斎場事件」だ。二〇〇一年八月一八日、住吉会は幹部の葬儀を四ツ木斎場（東京都葛飾区白鳥）で執り行っていた。そこに、対立していた稲川会・大前田一家の幹部二人が住吉会の組員を装い、紛れ込んでいたのだ。そして、参列していた住吉会の幹部二人を射殺した。ヤクザの世界では、葬儀のような義理場でのもめ事はタブーとされており、住吉会側はいきり立った。住吉会と稲川会の上層部で、大前田一家の解散と、幹部の絶縁で手打ちがなされたが、多くの組員らはその手打ちに納得がいかなかった。

住吉会の中でも武闘派と言われ、新宿や池袋といった繁華街にシマを持つ幸平一家でも、手打ちには批判的な声は強かったという。幸平一家の下部団体、矢野睦会はその急先鋒で、小日向死刑囚は副行動隊長として、矢野治会長の懐刀だった。矢野睦会は、大前田一家の幹部を執拗に襲撃し、ついには前橋スナック銃乱射事件という取り返しのつかない結末へと行き着いたのだ。小日向死刑囚は、数々の事件の下準備から実行まで関与しており、一連の事件で果たした役割は重大だ。

小日向死刑囚は、スナックでの銃乱射後、フィリピンに逃亡し、現地で身柄を拘束され日本に強制送還された。二〇〇五年三月、前橋地裁で死刑判決を言い渡され、二〇〇九年七月に確定している。

一般的なヤクザ事件と異なるのが、小日向死刑囚は早い段階で自白を始めたことだ。法廷では知っていることをすべて話した。最後まで誰に指示されたのか口を割らずに身内を売らなかったもう一人の実行犯、山田健一郎死刑囚とは対照的だ。他人の命を自分勝手に奪った小日向死刑囚に対する遺族の憤りは峻烈だった。ただ、一審の死刑判決を言い渡した久我泰博裁判長は心を動かされた部分もあったのだろう、死刑を言い渡しながらも涙ながらに「出来るだけ長く生きてもらいたい。遺族に謝罪を続けていって下さい」と説諭している。

小日向死刑囚は、自白の際に自らの「親」であった矢野治元死刑囚に指示されていたことを事細かに説明し、すべての責任は矢野死刑囚にあるかのような供述を繰り返した。ヤクザの世界において、親を売ることはタブーとされている。

なぜ小日向死刑囚は禁忌を犯したのか。彼に売られた矢野死刑囚は、数々の事件を首謀し警視庁に

「平成の殺人鬼」と怖れられていた。矢野死刑囚は死刑確定後に別の殺人事件二件を自白し、史上初めて確定死刑囚として別の裁判が行われるなど世間を大きく騒がした後、二〇二〇年一月、収監されていた東京拘置所で自殺した。

手記をひもときながら、当時捜査に関わった元警視庁組対四課管理官、櫻井裕一氏、みずからも幸平一家の一員だった元ヤクザの進藤龍也牧師など関係者への取材も通して解説を加え、ヤクザ史でも有名な一連の事件を解き明かしていくのが本書の目的である。死刑囚については「心の平安」を理由に外部とのやりとりが著しく制限されており、二五〇枚にも及ぶ手記が世に出ることは稀で、平塚雄三弁護士ほか、さまざまな関係者の尽力があった。

小日向死刑囚の手記を公開した二〇二二年は暴対法施行三〇周年に加え、住吉会、極東会の事実上のトップが死去するなど、衰退する日本のヤクザを象徴するような一年だった。一方、代わりに台頭した半グレ集団などによる組織犯罪は、従来のヤクザ組織とも複雑に絡み合うなどして混沌と化している。フィリピンの入管施設に収容されながら詐欺や強盗を指示していた「ルフィ」事件が発生したことも記憶に新しい。

また、国際的に日本の死刑制度を批判する声は高まり、当の死刑囚が絞首刑は「非人道的だ」などと大阪地裁に執行差し止めを求めて提訴するなど、従来にない動きも出ている。本書は死刑の是非について問うものではないが、小日向死刑囚の手記を通して、日本のさまざまな社会問題、司法制度を考える一助にもなれば幸いである。

（手記に登場する人物は、小日向死刑囚が仮名を使用していますが、実名と近いことなどを理由に、別の仮名に変えています。また、手記は小日向死刑囚の主観で語られており、事実とは異なる可能性もあります。

誤字脱字を中心に、読みやすく一部編集しています）

山本浩輔（元週刊文春記者）

第一章 嚆矢

——手記①

稲川会大前田一家のしかけてきた襲撃事件は、あってはならないことです。しかもヒットマンらは住吉会のバッチをつけ、住吉会の代紋入りのネクタイをしめて、住吉会葬にまぎれ込んでいました。

発砲事件があった四ツ木斎場

私が起こした一連の事件は、平成一三年（二〇〇一年）八月一八日に東京都葛飾区にある四ツ木斎場で起こった襲撃事件に端を発し、この事件で、「住吉会住吉一家向後睦《こうごむつみ》会、熊川邦男会長」、「住吉会滝野川一家七代目、遠藤甲司総長」が殺されました。

私は今、ヤクザの世界からすっかり足を洗い、報復のためにスナック銃乱射事件などを起こしたことを深く反省し、被害者の方々やその御遺族の方々に謝罪し、そして亡くなった方々のために毎日祈っています。

この本を書くにあたって、平成から令和に時代が変わり、そろそろ話してもいいだろうと思っていた矢先に、令和二年（二〇二〇年）の一月に主犯である住吉会幸平一家矢野睦会、矢野治会長が、東京拘置所で自殺してしまったのです。

この本を読んでほしかった主犯者がいなくなってしまいましたが、今後同じような痛ましい事件が起こらないためにも警鐘をならすべく、昔の話ですが事件当時に戻って思い出しながらつづっていきたいと思います。

出なかったＧＯサイン

ヤクザの世界では、「義理場」つまり葬儀や放免祝いのことをそう呼ぶのですが、義理場で発砲事件など抗争事件を起こすことは、絶対にやってはならない「御法度」とされているのです。

それにもかかわらず、稲川会大前田一家のしかけてきた襲撃事件は、あってはならないことです。しかもヒットマンらは住吉会のバッチをつけ、住吉会の代紋入りのネクタイをしめて、住吉会葬にまぎれ込んでいました。そのあまりにも汚いやり口は、到底許すことはできず、当然住吉会VS稲川会の一大抗争事件に発展するべく、住吉会は全組織をあげて、すぐに戦争の準備を始めました。私の所属していた住吉会幸平一家も皆、襲撃準備を整えました。皆というのは、たとえば池袋、新宿、埼玉などそれぞれの組織が各自準備をしたという意味です。

そうして当時、まだ幸平一家池袋五十嵐組内だった矢野組も、稲川会の人間が出入りしている場所などを確かめに行きました。日頃から他の組織の組事務所や、自宅などを調べているので、間違いないか確認しに行くくらいのものでした。それからいつでも報復できるように潜っていました。潜るというのは潜伏するということです。

私たちは、東京都の「赤塚大門」（板橋区）という所にあるアパートをアジトにしていました。そこから稲川会の人間の自宅などを色々物色しに行きました。

よさそうな物件（襲撃しやすそうな所）をいくつか見つけてアジトに帰りました。そのアジトには、矢野組長や井口（仮名）、それに矢野組長の部屋住み（事務所に住み込み）をしていた島崎（仮名）や、私と仲良くつきあっていた林《はやし》ちゃん（仮名）と私がつめていて、襲撃の合図を待ってうろうろしながら生活していました。

「あとは向後睦会や滝野川一家が音を出せばGOだ」

つまり向後睦会か滝野川一家が襲撃の音を出せば、それを合図に一斉に住吉会の襲撃が始まるのです。「音を出す」とは発砲する、つまりどこかを襲撃するという意味です。

殺された向後睦会の熊川の叔父さんは、池袋の親分だった住吉会本部長幸平一家総長代行の五十嵐孝親分のたった一人の兄弟分だったのです。

撃たれて運ばれた病院で、五十嵐の親分は熊川の叔父さんとしばらく話をしたそうです。その位元気だったそうですが、夜半に容態が急変し、帰らぬ人となったのです。

五十嵐の親分は悲しんでいました。皆で仇を討とうと話し合っていました。しかし、いつまでたってもGOサインは出ませんでした。アジトで待っているこっちがイライラピリピリしてしまうほど、GOサインは出ませんでした。

納得がいかない手打ち

そうしてとうとう、住吉会側から何の報復もしないうちに稲川会と手打ちになってしまいました。手打ちとはケンカの終わりを意味します。手打ちの条件として、事件をしかけてきた稲川会大前田一家の家名断絶、一家を解散すること。総長の佐川（仮名）は絶縁、ナンバー二の後藤邦雄も絶縁、そのほか沖本一家（仮名）の沖本総長（仮名）は、永久カタギにするというものでした。

この手打ちに、住吉会の若い衆たちからは、不満の声が上がりました。しかし、どうにもなりません。手打ちがなされたことで、私たちの待機命令も解除になりました。

表面的には稲川会に対する報復は終わったかのようになりましたが、若い衆の間では「なぜ一発も音を出さずに手打ちにしたのか」とか、「このままでは住吉会の看板でメシが食えない」という感じで、かなり不満がたまっていました。

なぜ大前田一家は熊川の叔父さんや、滝野川の遠藤総長を殺したのか……。もともとは熊川の叔父さんと五十嵐の親分が狙われていたそうです。滝野川一家の遠藤総長は流れダマに当たってしまったのです。大前田一家の佐川総長は、何かの場面で熊川の叔父さんに何か恥をかかされたとか……。それでうらみを持っていたらしく、今回の事件にふみきったと聞きました。

事件後、五十嵐の親分は、住吉会住吉一家の養子になり、新宿東の貸元になりました。住吉会の東田総裁（仮名）に頼まれてのことだったとの話でした。そうしているうちに、平成一四年になり、その年の三月一七日に五十嵐の親分が、熊川の叔父さんのあとを追うかのように、ガンで亡くなってしまったのです。
四ツ木斎場に来ていたヒットマン二人や、見届けに来ていた稲川会大前田一家のナンバー二の後藤邦雄らは、卑怯にも住吉会のバッチをつけ、住吉会の組員であるかのように成りすまし、住吉会の会葬にまぎれ込んでいました。なんとも卑怯なやりくちで、許すことなどできません。住吉会の人間であれば誰しも報復すべきだと考えていたはずです。

五十嵐の親分が住吉一家に養子に行ったあと、池袋は矢野治組長が跡目になりました。その後、矢野睦会を立ち上げたのです。

矢野睦会長に矢野会長
理事長に柏木理事長（仮名）
総本部長に片岡総本部長（仮名）
本部長に矢田本部長（仮名）
行動隊長に井口行動隊長
事務局長に大岩事務局長（仮名）
事務長に堀内事務長（仮名）
副行動隊長に山田長杉組（仮名）代行（注・山田健一郎死刑囚）

副行動隊長に百瀬（仮名）沢藤組（仮名）代行
副行動隊長に私
　といった布陣でした。

　そして矢野会長は、権力を振りかざし、大前田一家を攻撃しだしました。「稲川会大前田一家総長だった佐川の家に火をつけろ」とか、「四ツ木斎場に来ていた後藤を殺せ」とか、とにかく言うことが過激でハデになっていきました。「車のあとをバイクでつけて、信号で止まった所をマシンガンで撃って、ガラスが割れた所に手榴弾を車の中に投げ込め」だとか、歩道を歩いている人や、前後左右に止まったカタギさんの車のことなど、まるで考えていないようでした。言うことがどんどんハデになり、やりくちもひどくなっていったのです。それを実行する若い衆のことなど、なにも考えていないようでした。
　矢野睦会を立ち上げたばかりだったので、名前を売りたかったのだと思います。その後、矢野睦会会長の指示で何かやっているようで、誰かから数回、「大前田一家の佐川総長の家を襲撃したけれど失敗しているらしい」。このような話がチラチラと耳に入って来て、色々と聞いていました。その襲撃に火炎放射器を使っているとも聞きました。あと、矢野睦会石塚組組長が関わっていたとのことでした。

私は矢野会長から直接、「爆弾を投げ入れたけれど不発だった」とか、「パネルバンのトラックの上に乗り、そこから火炎ビンを投げ入れたり、トラックの上から火炎放射器でガソリンをまいて火をつけようとした」と聞いており、矢野会長も加わったと言っていました。

片岡総本部長は「パネルバンのトラックから飛び降りる時、腰を強く打って痛かった」と言っていました。

また、矢野会長は「火炎放射器を回収するのが大変だった。だから次の襲撃の火炎放射器は、使い捨てできる物にする」と言っていました。私は、「一度やって失敗したことをまた繰り返すのか……」と思いましたが、黙っていました。

その他、沢藤組の百瀬が、解散した大前田一家の佐川の若い衆に追いかけられて、乗っていたワンボックスのバンの後ろのドアを開けて、ガソリン入りのポリタンクを蹴落として、そのポリタンクをマシンガンのウージーで撃ったけど火はつかず、あとから「火なんかつかないですね」と、言っていたのを覚えています。

そんなことをするより、追いかけてくる車のラジエターを撃てば簡単だし、追いかけられなくなるのに……と思いましたが、口には出さず、黙って聞いていました。

日医大病院事件

その後、大前田一家の佐川の家の襲撃に加わっていた矢野会長の配下だった石塚隆組長が、指紋の付いたけん銃の薬きょうを現場に残してきたと、矢野会長から聞かされました。そのことなどで矢野会長に何事か言われた石塚組長は「お前がやれと言ったんだろうが!!」などと、開き直って矢野会長ともめたそうです。それから石塚組長は襲撃に消極的になり、それ以来「俺は殺されるかもしれない」と、周りに漏らしていました。

そのため石塚組長は警視庁の巣鴨警察署に保護を求めて飛び込みましたが、何も事件になっていないために助けてもらえませんでした。

平成一四年二月二四日に、矢野会長は、「石塚組長を車でさらって殺して埋める」という計画をたて、実行しましたが、さらう段階で抵抗されたため、その場でけん銃で撃つという事件を起こしました。(要町事件)

石塚組長は四発被弾しながらも、日医大病院に運ばれて手術を受け、一命を取り留めました。ですが、翌二五日に集中治療室の窓ガラスを割って入ってきた犯人にまたもやけん銃で撃たれ、背中から心臓に三発、頭に二発の計五発被弾し、執拗に追いかけられて、とうとう殺されてしまいました。(日医大病院事件)

病院の広い集中治療室の入口で、警察官が警戒している中での犯行でした。とても広い集中治療室のどこのベッドに石塚組長が寝ているのかだれもわかりませんが、一人だけ知っている人がいるのです。それが矢野会長です。石塚組長の手術が終わってから唯一面会した人が矢野会長なのです。矢野会長なら、ピンポイントで石塚組長のベッドの位置がわかったのです。そして襲撃をさせることができたのです。

私は、「ひどいことするな」と思いました。「誰がやったんだ!!」と、矢野睦会の者たちは、いきり立っていました。みんなで話し合っていた所、矢野会長は、「群馬の人間（大前田一家の者）がやった」などと言っていました。しかし石塚組長が群馬の人間に殺されたという割には、「潜れ」とか、いつでも攻撃できるように「待機しろ」などと、すぐにでも反撃できる用意は何もなされませんでした。

この事件がテレビのニュース速報に流れ、その時、たまたまテレビを見ていた女房から、「石塚組長が殺されたってニュースでやってるよ」と教えられ、矢野会長の側近の佐々木（仮名）にどこの病院か聞きました。始めは間違えて、日大病院に向かってしまい、それからもう一度改めて佐々木に聞いた所、日大病院ではなく、日医大病院の間違いだとわかり急ぎ向かった所、病院には報道の車がいっぱいで、中に入るのはなかなか難しく、やっとの思いで中に入ると矢田本部長に、「すぐ帰った方がいい」と言われて、病院を後にしたことを覚えています。

掘られた穴

要町事件のメンバーの一人と仲良く付き合っていたので、詳しく教えてくれました。そのメンバーの一人とは林ちゃんです。林ちゃんは運転手役で、要町病院の裏の路上に車を止めて、他のメンバーが石塚組長を連れて来るのを待っていたそうです。ところが石塚組長が抵抗したので連れて来るはずのメンバーがその場で発砲したそうです。事件の後で林ちゃんと秩父にドライブに行った時に言っていたのですが、矢野会長に命じられて事件前に穴を掘りに来たそうです。

その穴に連れて行ってもらい、「この穴に石塚さんを埋める予定だったんだよ」と、教えてもらいました。穴はちょうど一人がスッポリ入る位の大きさでした。これで石塚組長は矢野会長の命令で殺されたのだと確信しました。

メンバーの他の二人は片岡総本部長と井口行動隊長で、けん銃を使って石塚組長を撃ったのは、井口行動隊長だということも教えてくれました。

私は身内の人間に手をかけることには絶対に反対です。なぜなら身内同士で誰も信じることができなくなってしまうからです。後から考えると、日医大病院事件で石塚組長が殺された時点で、警察が矢野会長を逮捕していれば、火炎放射器を使った放火未遂事件やその後のスナック銃乱射事件など、おこらなかったでしょう。

日医大病院事件の共犯者が、実行犯に矢野会長が携帯電話で命令する声を聞いたと証言しているのです。それでも警視庁は逮捕しなかったのです。なぜ逮捕しなかったのでしょうか、不思議でなりません。逮捕したのは、スナック銃乱射事件がおこってからです。あまりにも遅すぎでしょう。

解説　住吉会幸平一家と当時の捜査

平成一七年（二〇〇五年）三月二八日、一審・前橋地裁で小日向は、死刑判決を言い渡された。その判決文冒頭には、ヤクザとしての小日向のキャリアが記されている。

〈被告人は、一八歳ころ、キャバクラを辞め、当時の住吉会幸平一家五十嵐組矢野組事務所に出入りするようになり、やがて矢野治と親子盃を交わし、正式な矢野組組員となって、債権の取り立てや矢野の運転手を務めたりした。被告人は一九歳ころから二四歳ころまでの間、住吉会幸平一家五十嵐組の部屋住みをし、住吉会幸平一家総長代行五十嵐組組長五十嵐孝の運転手を務めていた。被告人は、その後、一年間、住吉会幸平一家本部に住み込みつつ住吉会幸平一家総長築地久松の運転手をし、住み込みを終えた後も、三年間築地久松の運転手をしていた〉（前橋地裁判決文より）

ここから分かるのは、小日向が幸平一家の総長を含む名だたる幹部の運転手や、上層部から信頼される部屋住みを経験するなど、ヤクザの本流を歩んでいたことだ。元ヤクザの知人によると、ヤクザの世界も一般社会と同様にこのような若者の嫌がる仕事を勤め上げると出世する傾向にあるという。何かあったときに備えて二四時間気を張り続ける部屋住みや運転手は、自分のシノギに時間や労力をあてられないため、金銭的に派手な生活を好むヤクザとは対照的な暮らしとなるケースが多いという。

なお、小日向が組員となった当時の矢野組は住吉会の四次団体だ。一次団体である指定暴力団・住吉会の武闘派、幸平一家（二次団体）の池袋をシマにする五十嵐組（三次団体）の傘下だった。そのような立場で、幸平一家の当時のトップだった築地久松総長の運転手を務めたのは信頼されていた証拠だろう。

小日向は上部組織だった五十嵐組の部屋住みも経験し、五十嵐組長の運転手も務めた。「五十嵐の親分」と呼び慕っていたこの組長は、四ツ木斎場事件で殺害された組幹部と兄弟分だったことから、個人的にも小日向は周囲に「仇をうちたい」と話していたようだ。

また、判決文には、矢野睦会の結成の経緯にも触れている。


〈五十嵐が、平成一三年秋ころ、住吉会幸平一家から住吉会住吉一家に養子に行くことになったことから、矢野が、その跡目をついで住吉会幸平一家総本部長矢野睦会会長となった〉（同判決文より）

幸平一家では、池袋や新宿、埼玉県内など、各地の筆頭格の三次団体を「貸元」と呼んでいた。池袋は五十嵐組が貸元だったが、五十嵐組長が住吉一家に行くことになり、その跡目をついだのが矢野だった。

〈これに伴い、それまでの矢野組若頭であったHが同矢野睦会平井組組長となり、被告人以外の矢野組組員は平井組組員となったが、被告人は、Hと盃直しをせず、その後、矢野睦会副行動隊長になっ

た〉（同判決文より）

小日向は、矢野が昇格しても彼の直属の側近として、重用されたようだ。

「時代を象徴する大事件です」（元組対四課管理官・櫻井裕一氏）

このような幸平一家内の動きに先立ち、ヤクザ史を揺るがす四ツ木斎場事件が発生した。小日向が書いたように、矢野睦会が起こした一連の襲撃事件のきっかけとなった事件だ。

当時警視庁のマル暴（暴力団担当）として、事件にも大きく関わった、元組対四課管理官の櫻井裕一氏は一連の事件について、こう振り返る。

「他人のために命を張るなど『任俠』が賞賛されるヤクザにとって、葬儀は襲名披露などと並ぶ重要な義理事です。このような場を荒らすことはたとえ敵対組織であっても御法度でした。時代の流れとともにそのような伝統も形骸化し、発生したのが四ツ木斎場事件。西から山口組が勢力を伸ばしているものの、関東の二大巨頭である住吉会と稲川会の間でこんなことが起こるとは思いもしませんでした。時代を象徴する大事件です」

事件は二〇〇一年八月一八日の午後六時一〇分ごろ、四ツ木斎場で発生した。住吉会の向後睦会幹部の通夜の最中に、二人の男が拳銃を数発発砲。参列していた、熊川邦男会長（五二）ほか三人の住吉会の人間が撃たれた。胸を撃たれた滝野川七代目、遠藤甲司総長（五七）はその場で死亡。熊川会長も後に死亡した。

「暴対法の施行以降、シノギが激減していく中で山口組や住吉会、稲川会は『平和共存』を口にはしていましたが、少なくなったパイをめぐるトラブルが原因で、ヤクザの抗争が全国各地で頻発していたのがこの頃でした。当時、駒込署で勤務していた私は、四ツ木斎場事件の一報を聞き、とんでもない事件が起こったなと思ったのを今でも覚えています。警視庁の仲介で、住吉会と稲川会は犯行を首謀した稲川会大前田一家を解散し、組長を除名することで『手打ち』としました。しかし、住吉会側には納得できない人間は多くいたでしょう。小日向が所属した矢野睦会の矢野治会長はその急先鋒でした」（櫻井氏）

殺害された向後睦会の熊川会長と、五十嵐の親分は兄弟分。小日向も運転手として仕えた五十嵐組長は、直系の部下だった矢野会長にとっても恩義を感じ、忠誠を尽くすべき相手だったことは想像に難くない。それに相まって、小日向が手記に書いたように、新興の池袋の貸元として実績をつくることに焦りがあったのだろうか。矢野睦会による、稲川会・元大前田一家幹部らへの過激な報復が始まることになる。しかし、うまく行かないどころか、矢野の狂気は身内であるはずの仲間に向かう。それが「要町事件」と「日医大ＩＣＵ事件」だ。

「二〇〇二年二月二四日夕方、『目白で発砲！』と一〇キロ圏の緊急配備がかかり、私も応援に出ました。東京都豊島区要町の路上で、何者かが矢野睦会相談役だった石塚組の石塚隆組長をさらおうとしたが抵抗したため、その場で拳銃を発砲。石塚組長は命からがら逃げ出し、日医大病院のＩＣＵに入ったんです」（同）

櫻井氏が急行した日医大病院前には、異様な光景が広がっていたという。

「幸平一家のヤクザが一〇〇人ほど集まっていて、ただならぬ雰囲気でした。派手なスーツや柄シャツを着たいかにもヤクザという大集団。日医大病院の先生に許可を取って、石塚に『誰にやられたんだ』と聞きましたが、『言えない』と話すだけで、一切口を割らなかったんです。
そこで院外に出て、大勢のヤクザを前に『責任者を出せ』と言うと、毛皮のコートを着た矢野が出てきたんです。部下が撃たれたっていうのにひどく落ち着いていましてね。石塚の心配をするでもなく『(石塚が)何か言わなかったか』と聞いてきたので、『何もしゃべらねーよ』と返すとホッとした様子でした」(同)
普通に考えれば、抗争相手による犯行とみるのが自然だ。しかし、櫻井氏は当時の矢野の反応に違和感を感じていた。
「身内がやられたとなれば、その報復に動くなど慌ただしくなるのがヤクザの世界。しかし、それが矢野からは感じられなかったんです。そして翌日、追い打ちをかける事件が発生してしまった」(同)
早朝、二人組の男が日医大病院に侵入し、一人が窓ガラスを割り、もう一人が拳銃を発砲。暴力団といえども、そう簡単に手が出せるような場所ではない大学病院のＩＣＵで石塚組長が射殺されたのだ。
「これが『日医大ＩＣＵ事件』です。ＩＣＵには当然、他の患者もいました。薬莢は隣の患者の衣服の中から見つかっていました。一歩間違えれば一般市民を巻き込みかねない危険な事件です。
後に分かることですが、要町の銃撃も、日医大も矢野の配下による犯行でした。なぜ広い病院の中で、石塚のいたＩＣＵが分かったのか。ある捜査員が看護師に話を聞くと、事件の直前に矢野が自ら『石塚の身内だ』と話して、面会に来ていたことが分かりました。小日向が書いているように、現場の下見をしにきていたんです。一度襲って仕留め損ねた石塚がチンコロ（密告）するのを恐れて早急に

手を下したんです」（同）

数多のヤクザと対峙してきた櫻井氏だが、矢野は特異な存在だったという。

「抗争と見せかけて、口封じのために仲間を殺してしまうヤクザはこれまでいなかった。昔ながらの良い親分像とは真逆で、まるでかつての連合赤軍の内ゲバのようです。矢野はヤクザじゃなくてテロリストのようになっていった」（同）

矢野について詳しくは第三章で記すが、ここではこのような矢野に対して小日向がどのような思いを抱いていたのかだけ記しておく。

「男気に憧れた」

ヤクザになった経緯について、小日向は後述するように、手記で矢野に男惚れしたのを一番の理由としている。だが、四ツ木斎場事件に端を発した一連の襲撃や日医大ＩＣＵ事件を経て、矢野に対する批判的な思いが募っていく。第一章でも、矢野が「爆弾」「火炎ビン」「火炎放射器」を使って襲撃したが失敗したという話を引き合いに、「失敗したことをまた繰り返すのか」「追いかけてくる車のラジエターを撃てば簡単だ」などと、直接進言はできないながらも、その言動の一つ一つに批判的な感情を吐露している。そして矢野への批判的な思いが、身内だった石塚隆組長を殺害した要町・日医大ＩＣＵ事件を経て最高潮に達したのだ。

ヤクザの親分という言葉や、組長と配下の関係を親と子と表現するように、家族に喩えられるヤクザの上下社会。絶対的な信頼関係が前提にあるが、小日向はこの内ゲバにかなりのショックを受け、こう手記に記した。

「私は身内の人間に手をかけることには絶対に反対です。なぜなら身内同士で誰も信じることができなくなってしまうからです」

　この後、一般人を巻き込みかねない襲撃作戦のたびに、何度も辞退すべきか矢野に意見すべきかと悩む小日向だが、石塚組長のように粛清される危険を感じ、（もしくは家族を殺されてしまうのではないか、という懸念から、）命令に従わざるを得ない状況が続くことになる。すでに矢野を「信じる」ことはできなくなり、親と子の信頼関係は失われていた。

第二章

失態

――手記②

「行くぞ」と言って、片岡総本部長が火炎放射器のホースを二本出して、林ちゃんと百瀬に渡しました。

そして、「出すぞ」と言い、火炎放射器のバルブを開けました。

火炎放射器で襲撃した抗争相手の家があった場所の周辺

その後、また大前田一家の佐川総長に対する襲撃が始まりました。しかし矢野会長からの指示は、「佐川を殺せ」ではなく、あくまでも「家に火をつけろ」というもので、私たち若い衆は、「何で火なんかつけるんだろう、過激派じゃあるまいし」「そんなことしてもしようがねえじゃねえか」などと話をしていました。

また、四ツ木斎場の事件の報復ならば、なんで（トップを殺害された）向後睦会の人間や、滝野川一家の人間ではなくうち（幸平一家）がやるのか、しかも池袋の人間だけがやるのか……などという話も出ており、私もおかしいと思っていました。向後睦会の人間や、滝野川一家の人間が最初に報復に出るべきなのに何もしておらず、自分の所の親分がやられたのにだまっていることは、おかしいことです。

その後この様な大前田の佐川に対する襲撃については、細田源市という幸平一家のナンバー三的な立場にあって、幸平一家貸元会会長という地位にいる人の命令だったと分かってきました。それに対して矢野睦会会長は幸平一家の総本部長で、池袋の貸元という立場で、細田会長の方がちょっと上だったと思います。その細田会長が大前田一家の佐川の家に対して火をつけることにこだわっているようなのです。

私は、四ツ木斎場事件後、報復を恐れた大前田一家の佐川が家から一歩も出なくなり、これでは佐川を殺すチャンスが無いので家に火をつけ、佐川をおびき出す作戦だったのかなあ……と、思っていました。しかし、その様なもっともらしい説明は何もありませんでした。

矢野会長は佐川の家の辺りの下見や、佐川の家の近くの若い衆が集まるコンビニや、ファミリーレストランの下見などをして、どういう人間が佐川の家の警戒、見回りをしているのか、どういう車に乗っているのか、その他、佐川の家がどのような様子なのかなどを調べており、その調べた結果を私たち若い衆に教えてきました。

矢野会長はその様な話をする中でいつも、「相手も道具持っているだろうから気をつけろ」と言っていました。つまり、「佐川の家の若い衆たちがけん銃を持っている可能性がある」という意味で、私たちが佐川の家を襲撃する際に「撃たれる恐れがあるから気をつけろ」と矢野会長はいつも言っていたのです。

私たちはいつでも襲撃できる状態でした。佐川の家の近くのコンビニに集まる者や、乗っている車などもわかりました。佐川の家の近くにあるファミリーレストランで、朝に佐川の家の警備の交代後に若い衆が集まった時、となりの席でお茶を飲んでいても、まったく気がつかれませんでした。

そのような雑魚は、いつでも殺せる状態でしたが、あくまでターゲットは佐川であり、若い衆には手を出さずそっとしておきました。

また、私は細田会長が自ら群馬に行く所を見たことがあります。私が矢野会長の運転手を務めて、関越自動車道の下りの「上里パーキングエリア」に矢野会長を乗せて行き、そこに細田会長が別の車に乗って来て、矢野会長が細田会長の車に乗り換えて一緒に群馬に行き、私は帰りを待つ、ということが数回ありました。

この様なことがあって私は、佐川の家に火をつけたり、後藤を殺したりするのは細田会長からの指示する所が多かったのかもしれないと思うようになりました。そして、石塚組長が殺されてからすぐに、佐川への襲撃が、また始まったのでした。

火炎放射器

平成一四年二月末頃、矢野会長からとばしの携帯電話つまり、プリペイド式のまったく知らない人の名義の携帯電話に電話が入り、「群馬に行ってくれ」「片岡総本部長の言うことを聞くように」「総本部長の指示に従ってくれ」と言われました。これは私が片岡総本部長の若い衆でもなく、「命令されるいわれは無い」と、言うことを聞かないと困るので、わざわざ言ってきたようでした。

群馬入りする前に、火炎放射器を赤塚大門のアジトまで青木社長（仮名）という鉄骨屋の社長のもとで働いている従業員が車に積んで来ていて、この車を先導して、埼玉県の所沢にある片岡総本部長の知り合いの会社の資材置場まで向かいました。途中で矢野睦会事務局長の大岩さんが、赤いポリタンク二つにガソリンを入れて用意して待っていて、大岩事務局長は「火炎放射器に使うガソリンだよ」と言ってタンク二つを渡してきました。

このポリタンクはそれぞれ二〇リットル入りで、合計四〇リットル用意してありました。これを受け取り、片岡総本部長と一緒に火炎放射器を積んだ車を先導して所沢の資材置場に向かいました。資材置場では、以前引きわたしてあったボンゴという盗難車のバンがあり、その車に火炎放射器とガソリンのポリタンク二つを積み込みました。

火炎放射器を見たのはその時が初めてでした。この火炎放射器は、ガソリンを入れる鉄のタンクが二つあって、酸素か何かのボンベが付いているほか、長いホースが二本タンクから出ていて、そのホースの先に鉄のパイプがそれぞれ付いていました。鉄のタンクにガソリンを入れて、ボンベの栓を回し、付属のメーターの針を何気圧かにセットして、タンクの下のコックを開けるとホースからガソリンが勢いよく放出されるという物でした。

そうして火炎放射器とガソリン入りのポリタンクをボンゴに積んでから、その場で皆別れ、帰路についたのでした。

襲撃に行く前に、車の準備が必要でした。足になる車はすべて盗難車でなくてはなりませんでした。ナンバープレートも偽造したものを、複数用意しました。車は一台一〇万から二〇万円位で、ナンバープレートは四万から五万円位だったと思います。今回の襲撃に使った盗難車は、ワンボックスのボンゴと、カリーナ、ウィンダムの三台でした。

ボンゴは橋本代行（仮名）に頼んで用意してもらったものでした。橋本代行は始め、「車が無い」と言っていましたが改めて頼んで手に入れてもらったのが、ボンゴでした。橋本代行とは、私が五十嵐の親分の運転手をしていた頃から色々な義理場などで顔を合わせていて、親しく気軽に話をさせてもらっている間柄でした。

それから片岡総本部長の知り合いの会社の資材置場の近くのコンビニまでボンゴを乗って来てもらってから、片岡総本部長に連絡して引きわたしたのでした。金額はたしか一五万から二〇万円でした。

カリーナとウィンダムは林ちゃんに「マル盗の車入る？」と頼んで手に入れてもらったものでした。始めはカリーナではなくシーマだったのですが、「シーマを用意してくれた者と連絡が取れない」「ウィンダムしか無い」と言われ、「それじゃあ困るから、何でもいいから都合してよ」と頼みました。

こうして林ちゃんが急ぎ用意してくれた車がカリーナだったのです。偽造ナンバー付きで一台一五万円位だったと思います。偽造ナンバーはほかにスペアで二組作ってもらいました。こうして盗難車のカリーナとウィンダムを林ちゃんに手に入れてもらい、所沢の資材置場の近くの山田うどんの駐車場まで持って来てもらったのです。そこに片岡総本部長と若い衆に取りに来てもらい、無事引きわたしたのでした。

その後、盗難車ではない正規の目立たないファミリーカーを林ちゃんの友人の会社社長に貸してもらい、用を足したりしてから林ちゃんの家に行きました。林ちゃんと会社社長の三人でドライブに行ったりして一緒に過ごしました。そうしているうちに、矢野会長から携帯電話に連絡が入り、「群馬に行ってくれ」「片岡総本部長の言うことを聞くように」「総本部長の指示に従ってくれ」と、言われました。

そして、その電話の直後、片岡総本部長から電話が入り、「林ちゃんと二人で所沢の資材置場まですぐに来てくれ」と言われました。そして運転している林ちゃんに、「林ちゃん、群馬行く?」と、問いかけました。すると林ちゃんはすぐに襲撃に行くことを察知したのか、「行く行く!!」と、快く返事をしてくれました。そうして会社社長を降ろして林ちゃんと二人で所沢の資材置場に向かいました。

その途中、林ちゃんが作業着をほしがって、「そんな時間無いよ」と、言ったのですが、ちょうどうまい具合に作業着の量販店があり、作業着を買うことができました。私は作業着を持っていたので問題ありませんでした。

資材置場には、すでに片岡総本部長を始め、矢田本部長、沢藤組の若い衆の百瀬が来ていました。そこに私と林ちゃんが合流したのでした。

出発

今回の襲撃に使った盗難車は、ワンボックスのボンゴとカリーナ、ウィンダムの三台でした。平成一四年二月二八日の夕方、埼玉県の所沢にある片岡総本部長の知り合いの会社の資材置場に集まったのは、片岡総本部長、矢田本部長、沢藤組の百瀬、大岩組の林ちゃん、そして私というメンバーでした。

火炎放射器とガソリンを積んだボンゴに、運転が百瀬で後部座席に矢田本部長、ウィンダムに林ちゃん、カリーナの運転が私で助手席に片岡総本部長で、先頭がカリーナ、次にボンゴ、次にウィンダムの順に出発しました。

出発する前に林ちゃんと私は、資材置場まで乗って来た車の中に、サイフや携帯電話などの私物をすべて置いていきました。持って来たのはとばしの携帯電話と札のお金だけでした。とばしの携帯電話は、矢野会長から前もって渡されていて、矢野会長とだけのホットライン用でした。その他の私物（服やカギなど）もすべて乗って来た車の中に残してきました。これは矢野会長の指示でした（余計な物を持って行くなとのことでした）。

そして私たちは、関越自動車道で行けば、群馬まですぐですが、これも矢野会長の指示で遠回りして行くことになりました。遠回りとは、関越自動車道の所沢インターチェンジから上りの高速道に入り、そこから東京外環道に入ってそこから東北自動車道に入り、佐野藤岡インターチェンジで東北自動車道を降り、一般道の国道五〇号線を通って群馬入りするという回り道のことでした。

私たちは東京外環道の新倉パーキングエリアに入りました。林ちゃんのウィンダムのヘッドライトが片方切れていたのです。そこでハイビームの電球を切れた電球と取り替えて、ライトが点くようにしたのです。ライトが切れたままだと、整備不良で警察に止められる恐れがありましたが、これで少しは心配せずに行くことができる様になりました。

そして私たちは、しばらく休憩してから再び東京外環道に入って東北道の佐野藤岡インターチェンジを目指しました。それから一般道の国道五〇号線に入り群馬入りしました。そこでは直木（仮名）が二キロ位先を走って、検問などしてないか知らせてくれることになっていました。

途中、林ちゃんがマスクがほしいと言い出し、直木がコンビニに寄ってマスクを買ってくれました。また、林ちゃんがガソリンスタンドに寄ったりしましたが、なんとか無事にアジトに到着することができました。

まず、ボンゴとカリーナのナンバープレートをはずし、別の偽造ナンバーに交換しました。それからアジトの中に入りました。三ＬＤＫのきれいなマンションの一室でした。誰かが「こんなにきれいなアジトがあったのか」と、言っていました。それでアジトはここだけではなく、複数あるんだな、と分かりました。

そのアジトは広さの割に家具といえば、冷蔵庫とコタツがあるくらいでした。しばらくコタツでくつろいでいると、矢田本部長がフロ場の天井から黒いバッグを出してきました。中には襲撃に使うマシンガンのウージー、けん銃三丁、手榴弾一つ、マシンガンやけん銃に適合する実弾数十発が入っていました。それと黒っぽいジャージの上下も四組ありました。

作業着の上からジャージの上下を着ました。あとは目出し帽が四組ありました。始め、林ちゃんがマシンガンを取り、自分の体に合わせて首から下げるベルトの調整をしていましたが、片岡総本部長に取り上げられてしまい、片岡総本部長が「あとは好きなのを取れ」と言い、私はシルバーのスミスアンドウェッソンのリボルバー、つまり回転式けん銃を取り、百瀬が黒のスミスアンドウェッソンのリボルバー、残ったブラジル製のタウルスという五発入る黒いリボルバーを林ちゃんが取りました。私と百瀬は六発入るリボルバーでした。矢田本部長は襲撃して逃げる車の運転手役だったので、何も武器は持っていませんでした。

そして襲撃の際、けん銃がじゃまにならないように、各自ヒモを付けて首からぶら下げる様にしろと言われていました。これは矢野会長の指示でした。みんなでヒモの長さを自分に合うように調整したりしました。その後、コタツに入りながら片岡総本部長から今回の佐川の家への襲撃に関して、具体的な指示がありました。

　片岡総本部長は、「林ちゃんはボンゴを運転してくれ」「小日向君は白い車だ（カリーナ）」「百瀬君は俺とボンゴに」「俺がボンベの用意をするから百瀬君は助手席に乗ってくれ」「矢田本部長は前もって決めていた場所で、ウィンダムで待っていてくれ」「林ちゃんは佐川の所のカベにこすってもいいからピッタリ付けてくれ」「止めたら百瀬君と林ちゃんは、サンルーフを開けて、ボンゴの屋根に登れ」などと細かく指示をしました。

　続けて「屋根に登ったらホースを二本上げるから、それから俺が下でバルブ開けるから」「バルブ開けると圧がかかって勢いよくガソリンが出るから、しっかりホースつかんどけ」「それから火炎ビンも上げるからそれに火を付けて投げ込め。発煙筒も火をつけて投げ込め」などと指示をしました。

　片岡総本部長はさらに、「小日向君はボンベの前に白い車を乗りつけて、ボンゴの前に出て警戒しろ」などと私に指示してきました。ようするに今回の襲撃は、佐川の家にガソリンをまいて火炎ビンや発煙筒、それから手榴弾を投げ込んで火をつけるという作戦だとわかりました。

　まったくバカバカしい襲撃方法でした。もっと別な良い方法があると思いました。そこで林ちゃんが、「過激派じゃあるまいし、何で火炎ビンなんか投げるんですか」とか、「ウージーがあるんだから、佐川の家を穴だらけにしてやればいいじゃないですか」などと言い出しました。私も賛成しました。その他にも、もっといい方法があると思いました。

続けて、「誰がこんなこと言ってるんですか」などと林ちゃんがさらに聞くと、片岡総本部長は間髪をいれずに、「細源だよ」「細源がそうしろって言ってるんだからしょうがねえだろ」と言って、今回の襲撃を計画した人物が細源、つまり細田源市だと言ってきました。

みんな今回のバカな襲撃を計画したのは幸平一家ナンバー三の細田源市と聞き、それならばしょうがない、やるしかないだろうという雰囲気になりました。林ちゃんもしょうがないといった感じで、だまってしまいました。なぜ細田源市が自分の若い衆を使わないのか、なぜ池袋の者が動かなければならないのか、疑問は残りましたが……。

あとで聞いた話によると、池袋の南口あたりに、競輪やオートレースなどの場外車券場ができるとウワサされていたそうです。その車券場の飲食店などの莫大な利権が発生するとのことで、その利権がほしくて、細源が池袋の貸元の座をねらっていて、そのためには矢野会長がじゃまになるので事件を利用したなどウワサが飛びかいました。矢野会長は利用されたのです。私たち池袋の若い衆たちも利用されたわけです。まったく腹立たしいことでした。

話はとびましたが、このようにして、源の字、指がないことからゲンコツ、またの名を番長などと呼ばれていた細田源市に逆らうことはできない、またそれは矢野会長に逆らうことになると考えて、佐川の家にガソリンをまいて火をつけることを決意したのです。バカバカしいけどやるしかないと思ったのです。矢野会長の命令でもあったので。

実は私は東京の赤塚大門のアジトで、矢野会長と二人きりになった時、今回の襲撃の方法をおおまかに聞いていたのです。その時に林ちゃんと同じようにマシンガンのウージーを使って穴だらけにしてやった方がいいのではないかと進言していたのです。その時、矢野会長は「マドには鉄板がはってあるからダメだ」と言っていました。私は「それでもいいからカベでもいいので穴だらけにしてやったらどうですか?」と進言したのですが、「ダメだ」とまったく聞き入れてはくれませんでした。そういういきさつがあったので、矢野会長は「群馬に行ってくれ」と言った時に片岡総本部長の言うことをよく聞くようにと言って来たのでした。

矢野会長から前もって聞かされていたので、どうすることもできず、命令にしたがうことにしたのです。

密偵君の情報

あとは密偵君と呼ばれる、佐川の周りの行動や警察の警備の行動を監視し、情報を集めてきて報告してくれる人間からの連絡が矢野に入り、そして翌三月一日に、私たちに指示してくるのを待つだけでした。

こういった内部情報を流してくれる役割の人間のことを、私たちのあいだでは「密偵君」と、呼んでいました。密偵君の情報は、警戒している警察が、朝九時頃交代するとか、若い衆が二〇人位つめているとか、とても具体的で正確でした。

密偵君の情報によると、やはり朝九時頃に警察の警備が交代するとのことでした。だから襲撃は「その交代時間の合間をねらってやる」と、片岡総本部長は言いました。アジトの中ではこの様な密偵君の情報をもとに、佐川の家の様子や具体的な襲撃方法のおさらいなどを、アジトにあったカップラーメンを食べてビールを飲みながら話し合っていました。そしてコタツでみんな雑魚寝するような形で眠りました。夜一二時を回っていたと思います。

私たちはウトウト眠り、平成一四年三月一日の朝六時頃、目を覚ましました。まず片岡総本部長が、林ちゃんと百瀬に「二人で火炎ビンを作ってきてくれ」と指示しました。林ちゃんと百瀬は、ガソリン入りのポリタンクを積んである、ワンボックスのボンゴの中に入り、用意してあったビール瓶にガソリンを入れました。片岡総本部長から新聞紙を渡され、「ねじってビンの先につめろ」などと言われていました。

その時私は、「タオルの方がガソリンをよく吸い上げるし、火もつきやすいから、タオルにした方がいいんじゃないですか」と、進言しました。それに対し片岡総本部長は「これでテストしてあるから大丈夫だ」と言い、聞き入れてはくれませんでした。

また、「火炎放射器の鉄パイプの先にタオルを巻き付けて火をつけておけば、火炎ビンを投げなくとも、本当の火炎放射器になります」とも進言しましたが、そんなことさえ受け入れてはくれませんでした。このままでは火炎放射器とは名ばかりのガソリン噴射器にしかならないのに……。そうしてしばらくすると林ちゃんと百瀬が戻ってきました。

そして私たち下の者の進言など、何一つ聞き入れてはもらえないまま準備を整えて、GOサインを待ちました。午前九時頃、片岡総本部長のとばしの携帯電話に誰かから電話が入り、その電話を切ったあと、「いくぞ」と言って、いよいよGOサインが出て、アジトを出発することになりました。

事前の予定通り、ボンゴを林ちゃんが運転し、助手席に百瀬、後部座席に片岡総本部長が乗り、そのボンゴのうしろをカリーナで私が追走し、そのまたうしろを矢田本部長が追走して、ボンゴについて行きました。

途中、ボンゴが道路の左に寄って止まりました。私のカリーナも止まりましたが、矢田本部長のウィンダムだけは止まらず、襲撃後の待ち合わせ場所に向かいました。すると、ボンゴがゆっくり走りだしました。そして少し走るとまた、左に寄って止まりました。片岡総本部長は、誰かと電話で話しているようでした。少しするとまたゆっくり走り出しました。そしてまた止まる、これを三～四回繰り返しました。

私はイライラしましたが、密偵君の情報が入っているのだろうと思い、GOサインを待ちました。あとで聞いた話ですがやはり、「GOだ」とか、「待て」だとか、電話が入っていたそうです。電話の主は、おそらく矢野会長です。それしかありえないと思いました。矢野会長が密偵君の情報を片岡総本部長に知らせているのだと思いました。

密偵君が、佐川を見張り、佐川の家付近の情報を流してくれて、佐川の家を警護している警察官の交代について、逐一報告してくれているのだろうと思いました。まちがいなく密偵君は、佐川の身内の者だろうと思いました。すると最後の「GOだ!!」というサインが出たようで、ボンゴは佐川の家に向かって行きました。私はその後ろをついて行きました。

アジトを出て佐川の家に向かう際、アジトに用意してあった目出し帽をかぶりましたが、佐川の家につくまでずっと顔を隠していると、いかにも「わしらこれから襲撃に行くんだもんね」「悪いことしに行くんだもんね」と言っている様でとてもあやしいので、佐川の家に到着するまでは顔を隠さず、頭だけでかぶっていました。この道を曲がると佐川の家、という直前に顔を隠しました。

ボンゴは予定通り、佐川の家のカベにこするように近づけて止まり、私はカリーナをボンゴのちょっと前に止めて車から降りて、周りを警戒しました。ここまで、アジトを出て、「GOだ」「待てだ」を繰り返しながら普通なら一五分ほどでつくはずの道のりを倍の三〇分位かけていたのではないかと思います。

――手記②

三月一日午前九時頃にアジトを出発しているので、九時三〇分頃に到着したはずです。車を止めると打ち合わせ通り林ちゃんと百瀬はボンゴの屋根に上りました。林ちゃんが車の前方、百瀬が後方に立っていました。

すると、「行くぞ」と言って、片岡総本部長が火炎放射器のホースを二本出して、林ちゃんと百瀬に渡しました。そして、「出すぞ」と言い、火炎放射器のバルブを開けました。すると、ガソリンが勢いよくホースから飛び出し、林ちゃんと百瀬は佐川の家にまんべんなくガソリンをまいていきました。この時点でガソリンに火をつけなければ、火炎放射器とは名ばかりのただのガソリンの噴射器になってしまいます。

やはりアジトで進言した通り、パイプの先にタオルを巻きつけて、火をつけておけば自然とガソリン噴射器ではなく、ちゃんとした火炎放射器になっていたのに……。しかもそうすれば火炎ビンなど投げる必要はなかったのに……。

まったく御粗末な作戦でした。

そして、ガソリンをまき終わると、次は片岡総本部長が火炎ビンをボンゴの屋根に上げて、それに百瀬が火をつけ、佐川の家に林ちゃんと百瀬が投げ込みました。佐川の家は火炎ビンが投げ込まれないように鳥カゴのようにネットが高くはりめぐらされており、そのネットより高く投げ込まなければなりませんでした。

なぜネットがはりめぐらされていたのかというと、以前の襲撃でも火炎ビンを投げ入れていたので、その防止のためでした。ネットは高く、カベには侵入防止のための高圧電流がはりめぐらされていて、門の入口は、太い鉄パイプで頑丈に、ちょっとやそっとじゃ破れないように固められていました。

その他に、発煙筒や手榴弾も投げ入れました。しかし手榴弾や火炎ビンも爆発しませんでした。火をつけた火炎ビンがボンゴの屋根から転がり落ちて割れましたが、火はつきませんでした。

これではいくら投げ込んでも火などつくはずがありません。やはり新聞紙ではなく、タオルをビンの先につめて火をつければよかったのだと思いました。その前にパイプの先にタオルをつけておけば火炎放射器になり、火炎ビンなど投げ込む必要などなかったのです。進言を聞き入れてもらえなかったのであとの祭りです。

すると、前方から佐川の若い衆らしき者たちが、一〇数人広がって向かって来ました。そこで私は、「来たぞー」と皆に知らせました。すると皆はボンゴを捨てて、カリーナに乗り込みました。運転席に私、助手席に片岡総本部長、運転席後部に林ちゃん、助手席後部に百瀬が乗り込みました。

私は勢いよく車を出しました。佐川の若い衆が左右に別れた所を中央突破しました。その際、威嚇のために皆数発発砲しました。佐川の若い衆はカベなどに隠れていました。殺すこともできましたが、殺すことが目的ではなかったので、佐川以外の若い衆を狙っての発砲はしませんでした。佐川の若い衆たちはその場に隠れて固まってしまい、私たちはその中央を楽々と通過して、佐川の家からはなれることができました。

その後私たちは、矢田本部長が待つ駐車場へ向かいその車内で、「はねたかな」「音なかったな」などと話して佐川の家の敷地内に投げ込んだ手榴弾が爆発したかどうかを話し合っていました。

そして、矢田本部長との待ち合わせの駐車場に到着してからその場にカリーナを乗り捨てて、矢田本部長のウィンダムに乗り換えて、アジトへと向かいました。そこで片岡総本部長から「バラバラに降りるぞ」と、指示があったため、まず、始めに林ちゃんと私がアジト近くにある市民体育館の前で車を降り、そこから歩いてアジトまで帰りました。

私は、市民体育館の自転車置場で作業着の上に着ていた黒いジャージ上下を脱いで、市民体育館のすぐ横を流れている用水路に投げ捨てて行きました。アジトに戻り、しばらくすると片岡総本部長と矢田本部長、それから百瀬が戻って来ました。

報復理由の変遷

こうして私たちは誰もケガも無く、再び五人でアジトに戻ることができたのでした。それから私たちは、アジトを出る前にそれぞれが使ったけん銃やマシンガンを黒色バッグに戻し入れ、林ちゃんが浴室の天井裏に再び隠しました。目出し帽はアジト内にあったゴミ袋に捨てました。けん銃や目出し帽などのゴミは、後日誰かが処分してくれる段取りになっていました。

そのようなことをすべて終えてから、片岡総本部長が、「バラバラに帰るぞ」と指示を出し、まず林ちゃんと私がその指示に従い、一足先にアジトを出ることになりました。ずいぶん歩いてやっと前橋駅に着いてから伊勢崎駅に移動して、伊勢崎に住んでいる林ちゃんの友人に私たちの車が止めてある所沢の資材置場まで車で送ってもらいました。

こうして佐川の襲撃は、情けないことにガソリンをまいただけで終了しました。私たちは源の字や矢野会長に言われた通りの襲撃方法で、言われた通りのことをしてきたので、結果的に佐川の家に火がつかなくとも、現場の私たちの進言などを何一つ聞き入れなかったのだから言いがかりをつけられる筋合いは無いと思って気にはしていませんでした。

その後矢野会長や片岡総本部長から文句は言われませんでしたが、ただひとつだけ、源の字から、「道具を無駄遣いしやがって」と、矢野会長が言われた様でした。私たちはそれなら自分の若い衆を使ってやればいいと腹が立ちました。自分では何もできないくせに……。

また、今回の事件とは別の機会に片岡総本部長の指示で、東京都豊島区長崎にあるアパートの一室で、林ちゃんと二人で銃の整備をしました。マシンガンのウージー三丁とけん銃数丁と、それぞれに適合する実弾が数百発ありました。それぞれにＣＲＣなどで機関部に油を差し、油紙で包み、それぞれに適合する弾を割振って梱包しました。数が多かったので、けっこう時間がかかったのを覚えています。

それから、東京湾に浮かぶ第一海堡という、戦時中に大砲を備え付けられ、東京湾に入って来る敵戦艦を攻撃するための小さな島があるのですが、その島に埋め、隠してあった襲撃に使ったマシンガンのウージーやけん銃数丁を処分するために荒井組長（仮名）のクルーザーで島に行き、掘り起こして回収して、それらすべてを海に捨てたことを覚えています。なぜ使った銃を捨てず、埋めておいたのかはわかりませんが、これはすべて矢野会長の指示でやったことでした。

しかし、その後も矢野会長は佐川への襲撃を諦めてはいないようでした。石塚組長が殺されてからは、「群馬の奴らにやられた」とか、「その報復として佐川の家を襲撃する」と言い、五十嵐の親分が亡くなってからは、「群馬の奴らのせいで早く死んだ」とか、「五十嵐の親分の遺言だ」などと、矢野会長が説明する佐川の家を襲撃する理由が、どんどん変わっていったので、私はこのような矢野会長の話は全部嘘だと思うようになりました。

襲撃にも私には何かしらの理由を付けてやっているだけだと思えました。何かしらの理由がないと、皆動かないし、うたぐられるので、それでもっともらしい嘘をついているのだと思いました。

他の人も皆同じように思っているようでした。それでもその後も佐川への襲撃は続くようでした。しばらくして、片岡総本部長と佐川の家の様子を見に、車で家の前を通ったり、片岡総本部長がバスに乗って高い位置から佐川の家の中の様子を見たりしていました。鳥カゴネットがまた一段と高くなっていました。

近所にある佐川の息子がやっている車屋を教えられたのもこの時でした。若い衆が大勢つめているようでした。その他、早朝に下見にやってきて、佐川の家の裏通りの様子を見たこともありました。その時、犬の散歩をさせるために出て来た佐川の若い衆とすれちがったことがありました。ちょうど朝七時頃だったと思います。いつでも殺せる状態でしたが、狙っているのは佐川なので、若い衆は殺さず、そっとしておきました。

その他にも、佐川の家の警備を朝に交代した若い衆がよく立ち寄るファミリーレストランにも行きました。店に入って行き、若い衆のとなりの席に座り、お茶を飲んでいてもバレませんでした。警備を終えて、すっかりリラックスしているようで、まさかとなりの席に敵がいるとは思ってもいないようで、スキだらけでした。この若い衆もいつでも殺せる状態で、それを狙おうという計画もありましたが、下見だけでそっとしておきました。このように数日、片岡総本部長と下見をしました。

ロケットランチャー

平成一四年三月一日の佐川の家への襲撃のあと、矢野会長が、「佐川の家をロケットランチャーでふっとばす」などと言い出しましたが、そんなことをすれば検問が厳しくなり、逃げられなくなります。「群馬県と埼玉県の境になる川を渡って逃げよう」という矢野会長のたくらみから、実際に渡れる所があるか調べてこいと言われ、片岡総本部長と川を下見に行きました。

川を渡るために、盗難車の４ＷＤのパジェロを用意しました。その他にも、川を渡ったあとに皆が乗れるワゴンボックスカーやアリスト、セドリック、シーマといった乗用車や偽造ナンバーも複数用意しました。これらはすべて私の自腹を切った物でした。ある日突然、「車（盗難車）を用意しろ。ナンバープレートも用意しろ」と言われても、すぐに対応することができるようにするためでした。

こういったロケットランチャーなどというものは、名前を売る行為を通り越して、もはやテロリストのやることとしか思えません。もはやヤクザのやることではないと思いました。

始めは、「俺がやる」と、矢野会長は勇ましいことを言っていましたが、ロケットランチャーを実際に使うのはどうせ若い衆で、その者のことなど考えていないようでした。その位軽く考えているのです。もし使った場合、隣近所にも被害がおよぶでしょう。戦車を一発でぶっ壊す力があるのですから、家など粉々でしょう。ヤクザのやることとは思えません。

片岡総本部長とは、このほか東京から群馬の佐川の家まで、一般道で車のナンバーを読み取る「Nシステム」をかわして行ける道を探すために、何度か一緒に出掛けましたが、片岡総本部長が途中で日医大病院事件（注・別件の詐欺事件）の件で、警視庁に逮捕されてしまったのです。そのため私一人で調べていました。

しばらくして矢野会長から、「ケンにも道おしえとけ」。つまり長杉組代行で、同じ副行動隊長の山田健一郎さん（死刑囚、本人手記では仮名）にも、一般道で群馬の佐川の家まで、Nシステムをかわして行ける道を教えておけと指示されたのでした。二人で一般道を群馬の佐川の家まで、埼玉県の嵐山にあるアジトから、出発して、何往復もして、道を教えたのです。

そんなことをしていたある日、義理場つまり放免祝いだったか葬儀場かどこかの集まりで、矢野会長と久しぶりに顔を合わせた日に、手まねきされて「もう入っているからね」と耳打ちされ、ロケットランチャーが手もとにあると言って来たのです。

テロリストのようなことをさせられるのかと、暗い気持ちになりました。その時は指をつめて断ろうと思いました。ロケットランチャーが、手元にあると言われた時に、思いきって矢野会長に、「一から十まで全部私にやらせるつもりじゃないでしょうね？」と聞いてみました。

つまり、足のつかないとばしの携帯電話や、盗難車や偽造ナンバー、けん銃の入手やアジトを探したり、道を調べたり、佐川の家を襲撃したりなど、色々とやらされてきましたが、最後の最後まで、全部私にやらせるつもりなのかと問いただしてみたのです。

矢野会長は、「そんなことさせないから大丈夫だ」と答えて、そんなつもりは無いと言ってくれたのです。その言葉を聞いて安心したのでした。ところがそれはウソだったのだと、最後の最後に思い知るのでした。

解説　佐川自宅襲撃の真相

矢野睦会が四ツ木斎場事件の報復として繰り返していた襲撃に、小日向死刑囚も本格的に参加するようになった。すでに別の組員らによる襲撃が失敗続きだったことから警察官や抗争相手の警戒が高まっている中、どのようにして拳銃や火炎放射器による襲撃を実行したのか。手記にはその手法が事細かに書かれており、事件から二〇年を経ても小日向死刑囚は鮮明に覚えていることに驚く。二〇二三年現在、組織犯罪としては「ルフィグループ」などによる強盗、詐欺事件が大々的に報道されているが、矢野睦会の襲撃の用意周到さとルフィグループを比較すると、プロとアマチュアとも言うべき大きな差を感じる。

都内に縄張りを持つ矢野睦会が群馬で襲撃するには移動がつきもので、使用されるのは決まって盗難車だ。大衆車ということもあるのだろうが、手記や裁判資料によると相場は一〇～二〇万円ほどと比較的安価だ。これに四、五万円の偽造ナンバーを途中で付け替える用心深さで捜査の攪乱を狙う。組織には盗難車の購入ルートも確立されていたようだ。さらに、実行犯に迎えや送りの別の車を準備するなど慎重を期している。

二〇二三年のルフィグループの事件では、実行犯はＳＮＳの闇バイトを募集するなどして集められ、その移動に使用されるのはレンタカーだった。しかも捜査関係者によると、実行犯らが実名で借りているケースがほとんどで、本人をたどるのは容易だったという。

移動ルートについても、小日向死刑囚らは群馬まで最短距離（関越自動車道）では行かず、大きく迂回している。検問対策で、見張りを先行させたり、Nシステム（自動車ナンバー自動読み取り装置）がない道を選んだりと余念が無い。ルフィグループの移動では、そのような配慮は見受けられない。それどころか強盗に入った直後に、気の緩みからか何も考えていないのか、カラオケに直行していたケースなどもあるといい、「仕事」への姿勢は大きく異なる。

連絡手段も大きく異なる。技術の進展に助けられ、現代の組織犯罪で利用される連絡手段はもっぱら「テレグラム」だ。このロシア人技術者が開発したツールは、通信内容をサーバーには残さず、設定した時間で自動的に消去したり、誰かがスクショ（スクリーンショット）をすれば通知されたりといった機能があり、証拠を残したくない犯罪組織に重宝されている。小日向死刑囚の頃にはそのようなアプリはなく、「飛ばしの携帯（所有者が別人）」を使用していた。名義人はヤミ金などで首が回らなくなった債務者などが多かったといい、このような人間を利用して、小日向死刑囚は後に海外逃亡用のパスポート偽造にまで成功している。

かくして文字通りの周到な準備の後、二〇〇二年三月一日、小日向死刑囚らは抗争相手の自宅襲撃を実行した。


〈一日午前九時半ごろ、前橋市朝倉町三丁目の住民から「銃撃戦が起こっている」と、一一〇番通報があった。同地区には元暴力団組長宅があり、前橋東署の調べで、同宅や周辺の民家などで計四発の弾痕が見つかった。けが人はなかったが、先月二十一日も付近で同様の事件があったばかり。周辺の住民は口々に不安を訴えており、県警では警戒を強化する。

調べによると、弾痕は指定暴力団稲川会系大前田一家の元総長（五九）宅の塀に一発、隣と向かいの民家などで三発が見つかったという。発砲音の直後に現場から四、五人乗りの白い乗用車が走り去るのが目撃されている。

現場には灰色のワゴン車が元総長宅の塀に横付けされていた。車内にはガソリン様の液体が入った小型ドラム缶二個とガスボンベなどがあった。元総長宅には元総長のほか数人がいたという。

二月二十一日にも現場近くの会社員宅の玄関ガラスに銃弾が撃ち込まれる事件が発生した。この時、近くに放置されたトラックにも同様のガソリン入りのドラム缶などがあったことなどから、県警では同一犯の犯行とみて調べを進めている。

県警では二月の事件以来、警察官四、五人が午後八時から翌午前八時まで付近を警戒していた。今後は二十四時間体制とし、警察官の数も倍以上に増やすという。

現場は閑静な住宅街。近くの男性（四〇）は「この前から物騒だと思っていたが、朝からこんなことが起きて、小学生の子どもがいるので心配」と不安そうにいう〉（二〇〇二年三月二日付朝日新聞群馬県版）

記事によると、このときの警察の警備は夜から朝にかけてで「さすがに白昼堂々と襲うことはない」という読みの裏をかいた犯行だった。記事にあって手記にない部分で、気になるのは発砲した銃弾が隣や向かいの一般市民が住む近隣の家で見つかっていることだ。この襲撃も危険極まりないものだった。

拳銃が暴力団にとって身近なものに

手記で描写されるアジトの存在にも驚かされる。風呂の天井に「マシンガンのウージー、けん銃三丁、手榴弾一つ」「実弾数十発が入っ」た黒いバッグが隠されているアジトを、矢野睦会にとって地縁もあまりないはずの群馬に複数準備できるほど、当時は力を持っていたのだろう。

拳銃が暴力団にとって身近なものだということを改めて痛感させられるのが、小日向死刑囚は特に驚くこともなく淡々と描写していることだ。「スミスアンドウェッソン」が二丁にブラジル製タウルスが一丁……。誰がどれを使用するかという拳銃の存在自体を前提にした描写が目立つ。

また手記の流れからすると唐突だが、「今回の事件とは別の機会」にアパートで銃の整備をするシーンや、使用済みの拳銃を無人の人工島である第一海堡（千葉県富津市）に埋めていたという記載もある。第一海堡は明治政府により明治一四年に着工、約一〇年かけて建設された。東京湾の海防強化のため、湾に突き出る富津岬の先端の先に人工島を建設し、大砲などを設置した。現代では一般人の立ち入りが禁止されているこの島に、夜間に人知れず上陸し、拳銃を隠していたのだという。

裁判資料などによると、小日向は、組織の銃の管理も任されていたため、このような仕事もしていたのだろう。

火炎放射器や火炎瓶などを使う襲撃について終始「バカバカしい」「御粗末」などと書き、計画立案者に批判的だ。小日向は、こうした計画の首謀者として矢野よりも立場が上だった幸平一家ナンバー三の細田源市の名前を挙げるが、事件の判決文ではそのような認定はされておらず、あくまでも彼の考えであるということは明記しておきたい。池袋の利権をめぐり、矢野が細田に利用されたということともどこまでが事実かは不明だ。細田は二〇〇三年一二月、身内である別の幸平一家幹部の組長に射殺されている。この年の一月に前橋のスナック銃乱射事件を起こした小日向は「もう少し早く殺してくれれば、スナックの事件など起こらなかった」とまで書いている。

細田を殺害した元組長は、計五人を射殺したため死刑判決が言い渡されたが、執行前の二〇一〇年に東京拘置所で肝臓がんのため死去した。なお、この元組長は細田からの抗争相手に対する襲撃指示を受けたが、「一般市民にも危害が及ぶ恐れがある」と拒んだ。そのため「細田に殺される前に殺すしかない」と考え、細田を殺害したのだった。その際に、細田の部下ら四人も巻き込んで殺害し死刑となっていたのだ。一般市民を巻き込みかねない襲撃指示を断り、自らの命の危険から上役を殺害し死刑になった元組長。指示通りの襲撃を行い、一般市民を巻き込んで死刑になった小日向。選択した道は違っても、結末はともに死刑判決となった。

第三章

覆水

――手記③

矢野会長は、「この辺に座るから、店に入って行って後ろからババババッてやれ」などと言い、けん銃で十分足りるのに、わざわざ店内の座席に座っている後藤をマシンガンで撃てというのです。

ウージーの試射をしたとされる渋川市赤城町棚下

情けないことに、言われたとおりのやり方では佐川の家に火をつけることさえうまくいかず、警察の警備も厳しくなっていったことから、これ以上は無理と判断したのか、ターゲットを変更することになりました。

これでロケットランチャーは使わずに済むと安心しました。

新しいターゲットは、大前田一家ナンバー二の後藤邦雄組長でした。

この後藤は平成一三年八月一八日の四ツ木斎場事件の折、住吉会のバッチをつけ、住吉会の代紋入りのネクタイをしめて、住吉会の会葬に来て、向後睦会の会長である熊川の叔父さんと、滝野川一家七代目総長の遠藤総長の二人が殺された襲撃事件の見届け人として、葬儀にまぎれ込んでいたのです。

そのため、その後藤をターゲットにして狙うと矢野会長が言い出したのです。

あまりにも汚いやりくちで、義理場での襲撃はヤクザの世界の御法度とされていたにもかかわらず行ったこの襲撃は、住吉会の人間であれば誰もが「許せない!!」と、強く思っていたはずです。

その襲撃を命令した大前田一家の佐川も許せませんが、汚い襲撃を実行させた後藤も、到底許すことはできないのです。それで矢野会長は、「後藤を狙うから」と言って、ターゲットを後藤に変更すると言ってきたのです。

それからは、矢野会長と二人で群馬入りして、後藤がよく行く群馬県沼田市の近くの白沢村のゴルフ場、大胡《おおご》にあるゴルフ練習場、よく行くそば屋、スナック、パブやキャバクラなどといった所を何度も一緒に下見に出かけました。

そして、「よく覚えておけよ」と言われました。「一から十までやらせるつもりはない」と言っていたのに、なぜ私が覚えなければならないのか……。矢野会長に対して不信感がつのりました。

一通り見て回り、私はゴルフ練習場が狙いやすいと思いました。練習にはいつも一人で行っているようだし、出入り口は一か所だけ。ネットが張ってあるので逃げ場はナシ。こんなに良い条件はほかには無いと思い、ゴルフ練習場が良いと進言しましたが、入り口にカメラがあると言ってまたしても退けられました。

それならば何のために見て回らせ、「よく覚えておけよ」などと言ってきたのかさっぱりわかりませんでした。それにカメラなど、夜中に行って壊してしまえばいいのに……。または目出し帽をかぶるとか……。

佐川の家の襲撃の時の目出し帽は何のためにかぶったのか……。納得がいきませんでしたが鶴の一声で、またしても下の者の言うことなど聞き入れてくれませんでした。

それならば自分でやってみればいいと思いましたが会長の一声には逆らうことはできず、

命令にしたがうしかありませんでした。バカバカしい。あまり反抗したりすれば殺された石塚組長の二の舞になるのでこれ以上逆らえませんでした。

こうして白沢村のゴルフ場に的をしぼって、山登りのハイキングに来たハイカーのような格好をして、リュックを背おってゴルフコースまで登り、あたりを見て回りました。その結果、ゴルフ場からの帰り道の曲りくねった車がすれちがうことができないような細い道で襲撃することになりました。

そして平成一四年一〇月頃に矢野会長は、群馬県の吉岡町というところにある一軒家を借りて、そこをアジトにして襲撃準備を整えていきました。白沢村のゴルフ場も密偵君の情報で、その日のプレー内容が詳しく入ってきました。何日のＩＮコース何時スタートとか、その日自分で車を運転してくるとか、その際車はベンツだとか、あずき色のルーチェだとか、詳しく入ってきました。

そして平成一四年一〇月五日に布団や食べ物や飲み物、それと銃を持って、吉岡町のアジトに向かいました。

メンバーは、井口行動隊長、山田健一郎副行動隊長、百瀬と私の四人でした。使った車は盗難車のパジェロと、ワンボックスのレンタカーで、パジェロに百瀬、そのほかは健一郎さんの運転でワンボックスのレンタカーに乗りました。

私たちは関越自動車道の下りに乗り、百瀬のパジェロは盗難車なので、大事を取り、下りの嵐山パーキングエリアで待っていてもらい、残るメンバーは、ワンボックスのレンタカーで、東松山インターチェンジで降りて、嵐山にあるアジトに向かいました。

そのアジトには、布団やけん銃が隠してあり、それらを車に積み込んで、また東松山インターチェンジから関越自動車道に入りました。

思いがけない事故

それから嵐山パーキングエリアで待っている百瀬に、そちらに向かっている旨をとばしの携帯電話で伝えて、高速道路上で合流したのです。

ところが群馬に向かっている途中で、健一郎さんの運転で、井口行動隊長と私が乗っていたワンボックスカーが右斜め後ろからオカマをほられるという、いわゆる追突事故に巻き込まれてしまったのです。

三車線あるうちの中央車線を走っていた私たちの車は、追い越し車線を猛スピードで走って来て、スピードの出しすぎで操縦不能になった車に、そのまま追突されたのでした。その反動でガードレールにぶつかり、車が横転するという事故でした。

車は何度もころがって止まり、後ろの席に座っていた私は、いやと言うほど何度も車の天井にぶつかり、鎖骨を骨折するという重傷を負う大変な事故でした。

救急車で病院に運ばれましたが、その病院がひどい所で、救急指定されているのに、CTスキャンやレントゲン技師もおらず、何も治療できない病院で、運ばれた健一郎さんと私はタクシーで東京に帰ることにしたのでした。井口行動隊長と百瀬は無事で、パジェロで先に東京に戻っていました。

東京に帰ると矢野会長に、帝京大学病院に行くように指示され、そこでやっと肩のレントゲンや、頭部のCTスキャンなどを受けられて、その結果、健一郎さんは胸の打撲ですみましたが、私は鎖骨の骨折とCTスキャンの結果、脳に影があるということで、私だけ入院することになってしまいました。

痛みで夜中に何度も目がさめました。頭痛もひどく、こんな状態が何日も続いたので、今回の白沢村のゴルフ場での襲撃は、私がはずされることになりました。

改めて、平成一四年一〇月一四日に白沢村のゴルフ場でゴルフ帰りの後藤を狙うため、井口行動隊長と健一郎さん、百瀬、矢野会長の運転手の浦山（仮名）というメンバーで出発し、群馬県内の吉岡町にある一戸建てのアジトに入りました。

その後、密偵君から情報が入り、白沢村に向かい、ゴルフ帰りの後藤を狙って襲撃することになりました。そのゴルフ場は山のてっぺんにあり、クネクネと山道を登り降りしなければなりません。私は帰り道の細いクネクネ道を車でふさいでしまえばいいと進言しました。その後ろを車であとをつけて、前と後ろを両方ふさいでしまえば、もう逃げ道は無くなるので成功すると言いました。

しかし言った通りには動いてはくれず、後藤の車に、「コツン」とぶつけただけで逃げられてしまいました。どうせなら、４ＷＤのパジェロを使ったのだからおもいきりぶつけてやれば、側溝に落ちて逃げられなくなるのではないかと思ったのですが、あとの祭りで、またしても失敗。情けないことに逃げられてしまいました。

その際、逃げる後藤の車めがけて、けん銃を乱射したそうですが、そのうちの一発が後藤の肩に当たったそうで喜んでいました。情けない……。

殺さなければ襲撃はいつまでも終わらず、襲撃方法もどんどん難しくなるというのに……。私はこの白沢村のゴルフ場帰りの襲撃に懸けていました。しかし失敗したことで、他の方法では仕留めるのは難しいと思っていました。

頭も体もとても痛かったので、これで襲撃メンバーからはずしてもらえるだろうと思っていましたが、矢野会長は電話で「〇〇から道具（けん銃）をあずかってきてくれ」などと、誰でもできるような簡単な仕事までどんどん言いつけてきて、鎖骨がくっつかないので手術をする予定だった私は少しもゆっくりすることができずにいました。骨が折れて腕が上がらないというのに……。

こうしてまた襲撃が失敗したにもかかわらず、矢野会長はまたすぐに別の襲撃を準備していました。

マシンガンウージーの試射

平成一四年の一一月頃に、群馬県の吉岡町にあるアジトに矢野会長、井口行動隊長、東(仮名)相談役、浦山、それと私の五人が顔を合わせ、話し合っていました。

その話というのは、後藤が通っている前橋市内のキャバクラに、後藤が飲みに行っている時に襲撃しようという内容のものでした。また、そのような話し合いをしたあと、矢野会長からの指示でマシンガンのウージーを井口行動隊長に試射させておけとのことで、井口行動隊長と私の二人で、車で白沢村方面に向かいました。

なるべく民家の無い所はないか探しながら走っていると矢野会長から、「まだやってねえのか、早くしろ!」などと何度も携帯に電話が入りました。しかし、人に見られたり大きな発射音を聞かれたりしたらまずいので慎重に場所を探しました。

そこで、関越自動車道沿いの畑に向けて井口行動隊長に試射してもらいました。その時、パパパパパンと連射している時に井口行動隊長がマシンガンを左右に振ったので「そんなことしたら関係ない店の女の子にもあたってしまうからまずいですよ」とアドバイスしたことを覚えています。

そうしてマシンガンの試射を終え、吉岡町のアジトに戻りました。すると矢野会長が井口行動隊長に、「どうだった?」などと聞き、井口行動隊長は、「思ったより反動少ないですね」などと答えていました。

その後、前橋市内にある後藤がよく通うキャバクラまでの周辺地図を見せられて、矢野会長が、「キャバクラがあるのはこのビルだ」「このビルの○階だ」などと示して来ました。そのほかにくわしく書いたキャバクラの店内の見取り図も見せられて、「だいたいこの店には四～五人で来て、後藤はこの辺に座る」などと、具体的に示して来ました。後藤がよく訪れる曜日まで知っていました。

そのほかに実行役の井口行動隊長と東相談役には、後藤の顔写真も見せていました。その写真は証明写真くらいの大きさのものと、どこかの温泉旅行に行った時、記念にうつした集合写真のようなものがありました。矢野会長は、「よく覚えておけよ。忘れるなよ」などと言って井口行動隊長と東相談役によく見せていました。

そのほかにも矢野会長は、「この辺に座るから、店に入って行って後ろからバババッてやれ」などと言い、けん銃で十分足りるのに、わざわざ店内の座席に座っている後藤をマシンガンで撃てというのです。

もう、狂っているとしか思えません。

キャバクラの入っているビルはエレベーターがついていますが、裏にも業務用のエレベーターがあり、そこから入って行けばいいなどと言い「よく下見しておけよ」と命令して来ました。

私はなぜキャバクラという狭い店内で、マシンガンという殺傷能力が強い銃を使わなければならないのか、考えられませんでした。狂っているとしか思えませんでした。それこそ佐川の家の襲撃や、白沢村のゴルフ帰りの襲撃などに使うべきではないかと怒りさえおぼえました。

店に来る曜日や、ましてや座る席までわかっているのなら、後藤だけを狙ってけん銃でズドンと一発で殺すことができると思ったからです。キャバクラのような、多数の人が集まる場所でマシンガンを撃てば、後藤以外の無関係の人に当たってしまう可能性が高いため、私は反対でした。が、何も言うことはできませんでした。へたに盾突いたり、襲撃事件の内容を知っているのに消極的になれば、殺された石塚組長の二の舞になると思ったからです。

ロケットランチャーを使うとか、マシンガンを使うとか、どんどんやり方がエスカレートしていっているのは明らかでした。また、失敗ばかりしていたので焦っていたのだと思います。

実際に動く者たちの現場の声を聞かず、安全な場所で、コタツに入って考えているだけなので、失敗の原因に気づかないのです。

「後ろからババババッてやれ」と言われてから浦山が思わず、「親分、それじゃあ女に当たりますよ」と、キャバクラの店内でマシンガンを撃てば、関係のない店の女の子に当たってしまうかもしれないと進言しました。

「伏せない奴は殺っちまえ」

それに対して矢野会長は、「そんなもん伏せろ!!て言ってからやりゃいいんだ」「伏せない奴はみんな仲間だ」「一緒に殺っちまえ」などと言い、マシンガンを撃つ前に店内で「伏せろ」と呼びかけて、それで伏せない者は後藤の仲間だから一緒に殺してしまえと命令してきました。

もうムチャクチャでした。

この人はバカじゃないだろうかと強く思いました。

だいたい「伏せろ」と言って伏せないのは店の女の子の方で、キョトンとして、「この人何を言っているんだろう?」と伏せないと思います。

むしろ後藤や後藤の仲間たちの方が、マシンガンを見て伏せると思います。もう無差別殺人です。それをやらされる若い衆のことなど何も考えてはいません。

そもそも「うしろからババババッてやれ」と言って、どうやって後藤を確認するのでしょうか?

言っていることがメチャクチャです。結局関係のない店の女の子や客たちに被害がおよぶのです。浦山は、無関係な人を巻き込んでしまうかもしれないことを疑問に思ったのか、「女が伏せなかったらどうするんですか？」などと聞きました。

すると矢野会長は不機嫌そうに、「お前は関係ないから黙ってろ」などと言い、浦山にそれ以上話さないように命令していました。浦山はそれ以上進言することができなくなり、黙ってしまいました。

私が思うに、矢野会長は石塚組長を殺害したころからおかしくなりはじめ、「佐川の家をロケットランチャーでふっとばす」と、言い出しました。今回のキャバクラ襲撃あたりから本格的に狂い出したと思います。

今までは、佐川や後藤以外の者には一切手を出さないということを貫いてきて、また後藤が一人でいる所を狙うということを守ってきました。しかし、「伏せない奴はみんな仲間だ」「一緒に殺っちまえ」などと、まるで「誰でもかまわない」というような無差別的な襲撃に変わってしまいました。

ヤクザのやり方から、テロリストに変わってしまったのです。こうしてさんざんムチャを言ってから、矢野会長は浦山と東京に帰っていきました。矢野会長が帰ってから三人で、ビールなどの酒を飲んでみんなでコタツでザコ寝し、夜を明かしました。

その間、襲撃に関して何か話をしたという記憶はありません。みんな襲撃のことを考えると、とても憂鬱だったと思います。

翌朝みんな目を覚ますと、カップラーメンなどで朝食をすませ、さっそくキャバクラが入っているビルを下見に行きました。車を一〇〇円パーキングに止めて、特にビルの裏にある業務用エレベーターを見ました。ある程度の大きさがあることを確認しました。それから近くの公園まで行き、そこまでバイクに乗って行き、トイレの裏に隠して公園の反対側まで行くことを確認しました。

それからアジトに戻り、作戦会議を開き、襲撃当日は、井口行動隊長と東相談役がバイクで向かい、キャバクラが入っているビルの裏にバイクを止めて、業務用エレベーターで上がり、私は近くの公園の反対側で待機し、襲撃後は公園までバイクで戻って公園のトイレの裏にバイクにシートを掛けて隠し、公園の反対側で待機している私の車に合流するという話になりました。

しかし、いつGOサインが出るのかと、毎日ピリピリして過ごしただけで矢野会長からGOサインは出ず、数日うつうつ、ピリピリと、アジトで過ごしただけで結局何事もなく、解散することになりました。その後、もう一つのターゲットのパブを下見に行きましたが、改装中でだめでした。こうして今回は何事も無く、後藤が出歩いていないようなので、襲撃中止になり、メンバーもみんな無事に東京に帰ることができたのです。

もう一人のターゲット（注・誰かは不明だが、後藤の他にも別のターゲットが一時いた）は、四ツ木斎場事件とは、まったく関係ないのですが、密偵君たちから頼まれて、また、矢野会長も焦っていたようで、しょうがなく変更したようでした。

矢野会長の作戦は、バイクでターゲットのあとをつけて、信号で止まった所をマシンガンでハチの巣にして、ガラスが割れた所から手榴弾を投げ入れるという、となりに止まっている車や、横断歩道を歩いている人たちのことなど、まったく考えていない襲撃方法でした。襲撃場所も前橋市内の繁華街でした。

そのような場所で手榴弾やマシンガンを使えば、関係のないカタギの人にも危害が及ぶことは明白です。マシンガンを使うだけでも危険なのに、手榴弾を使う必要などありません。けん銃だけで十分です。

にもかかわらず、矢野会長はマシンガンを使って手榴弾を投げ込めと強く主張するのでした。佐川の家の襲撃や、白沢村のゴルフ場帰りなどでは、それこそマシンガンを使うべき所なのに、なぜか必要な所で使わず、必要無い所で使えと強く主張するのでした。

ターゲットが出入りする事務所まで矢野会長が運転する車で連れて行かれたことがあります。「よく覚えておけよ」と言われました。

鎖骨が折れて、頭を強打して。いまだにズキズキ痛むのにまた私がキャバクラ襲撃だけでなく、ここでも駆り出されるようでした。なぜ白沢村のゴルフ場帰りを狙った襲撃事件でしくじった者たちにやらせないのか、なぜ私が尻ぬぐいをしなければならないのか、大ケガをしているのに駆り出されることに大いに不満でした。

しかし、文句を言えば、殺された石塚組長の二の舞になるので、恐ろしくて言えませんでした。

後日、東相談役と下見に行きました。大きな公園の裏通りに借りてきたレンタカーを止め、歩いてターゲットの出入りする事務所の周辺を回り、様子をうかがっていました。すると、集まりか何かがあったのか、ゾロゾロと事務所から出て来ました。近くのファミリーレストランに入って行きました。

ターゲットは白いベンツに乗っていました。車のナンバーや、運転手の顔などを覚えました。ターゲットはまったく私たちに気がつかなかったようです。ある日突然ターゲットとして狙われるのですからそのはずです。ところがこのターゲットには、何をする訳でもなく、しばらくしてターゲットからはずされたのでした。

解説

警視庁が見た「平成の殺人鬼」矢野

矢野治率いる住吉会幸平一家矢野睦会による、稲川会大前田一家の元総長への襲撃は相変わらず失敗が続き、相手方の警戒は高まるばかりだった。そこで矢野らは元総長への襲撃を諦め、ターゲットを大前田一家元ナンバー二の後藤邦雄に変更した。後藤は住吉会の幹部二人が殺された四ツ木斎場に住吉会の代紋入りのネクタイをして実際に潜入し、実行犯であるヒットマンらによる射殺を見届けていた。四ツ木斎場での役割も組織内での立場も際立っており、矢野らにとってはターゲットとしてうってつけの人物だったのだろう。

小日向は、後藤の立ち回り先であるゴルフ場、ゴルフ練習場、パブやキャバクラからそば屋まで矢野と二人で何度も下見に通ったという。確実に殺害できるよう逃げ道のないゴルフ練習場での襲撃を提案した小日向だったが、矢野はこれを採用しなかった。襲撃が成功するよう意見を述べても何も聞き入れてもらえない小日向の不満は募る一方だったようだ。矢野の判断でゴルフ場帰りを襲うことになり、二〇〇二年一〇月五日、小日向は襲撃に備えて前橋市近くのアジトに向かうことになる。メンバーには、後にスナックで共に銃を乱射する山田健一郎死刑囚も含まれていた。

その途中、埼玉県内のアジトに隠してあった拳銃を回収し、関越自動車道を走行中に一行は突如、交通事故に巻き込まれた。

「三車線あるうちの中央車線を走っていた私たちの車は、追い越し車線を猛スピードで走って来て、スピードの出しすぎで操縦不能になった車に、そのまま追突されたのでした。その反動でガードレールにぶつかり、車が横転するという事故でした。

車は何度もころがって止まり、後ろの席に座っていた私は、いやと言うほど何度も車の天井にぶつかり、鎖骨を骨折するという重傷を負う大変な事故でした」（小日向の手記より）

死者は出なかったものの、かなりの大事故だったようだ。頭を強く打った小日向は東京の病院に入院し、襲撃メンバーから外された。そして残ったメンバーで、ゴルフ帰りの後藤の襲撃が実行される。矢野の判決文から、小日向抜きのメンバーで行われた襲撃を引用する。

〈同（二〇〇二）年一〇月一四日午後四時三五分ころ、群馬県利根郡の路上において、殺意をもって、普通自動車を運転中の後藤に対し、あらかじめ用意した自動装てん式けん銃及び回転弾倉式けん銃で弾丸合計六発を発射し、うち一発を同人の右肩部に命中させたが、同人に対し、加療約一ヶ月間を要する傷害を負わせたにとどまり、同人を殺害するに至らなかった〉（矢野元死刑囚の一審東京地裁判決文より）

この襲撃について、小日向は事前に後藤の車を前後で塞ぐよう進言していたが、そのようには行われなかった。実行メンバーらが一方からのみ襲撃し、自らが主張したように挟み撃ちにしないで失敗したことを酷評している。

「後藤の車に、『コツン』と（自分たちの車を）ぶつけただけで逃げられてしまいました。どうせなら、

４ＷＤのパジェロを使ったのだからおもいきりぶつけてやれば、側溝に落ちて逃げられなくなるのではないかと思ったのですが、あとの祭りで、またしても失敗。情けないことに逃げられてしまいました。

その際、逃げる後藤の車めがけて、けん銃を乱射したそうですが、そのうちの一発が後藤の肩に当たったそうで喜んでいました。情けない……」（小日向の手記より）

「私はこの白沢村のゴルフ場帰りの襲撃に懸けていました」とも書いている小日向は、大事故でけがを負いメンバーを外れながら、自分抜きの襲撃が成功し、一連の抗争に終止符が打たれることに期待していたようだ。過去に起きた出来事に〝もし〟は存在しないが、〝もし〟この襲撃で後藤の殺害に成功していれば、後藤を狙った前橋スナック銃乱射事件は発生せず、自分が一般客を巻き込むこともなければ、死刑囚になることもなかったと考えているようだ。

ターゲットを変更しても、襲撃の失敗が続く矢野睦会。業を煮やした矢野は一般人を巻き込むことを厭わないような作戦の指示をするようになる。後藤がいるキャバクラで〝マシンガンを乱射しろ〟と、殺害という目的のためにはなりふり構わない襲撃手法に言及し始めたのだ。

カタギ（一般市民）は巻き込まない、というヤクザの不文律から乖離した作戦だが、矢野の発言は決して冗談ではなかった。実際にマシンガンのウージーを試射するという事件も起こし、小日向らはこの試射についても、銃刀法違反罪で有罪判決を受けている。

判決文によると、試射が行われたのは二〇〇二年一一月ごろ、場所は群馬県内の関越道沿いの畑だった。実際に弾丸六発を試射したのは矢野睦会で小日向より上の立場で、前橋スナック銃乱射計画の最初の相棒でもある井口行動隊長（仮名）だ。試射したウージーはさまざまなタイプがあるが、一分間に約一千発前後の銃弾を発射する能力がある殺傷力の高いもので、戦争でも使用される兵器だ。

ヤクザの抗争はこの頃から二〇年を経た現在でも続いているが、ターゲットを殺害する場合、その多くは至近距離で拳銃を発砲して確実に仕留める、という犯行態様が多い。本稿を執筆していた二〇二三年四月二二日、神戸市長田区のラーメン店「龍の髭」の店長で六代目山口組傘下の余嶋学組長（五七）が殺害される事件が発生した。画像診断の結果、銃弾が頭部から見つかっており、何者かによって銃口を口の中に入れられた状態で発砲されて殺害された疑いが強い。確実にターゲットを殺害するという典型的なヤクザの手口とみられている。

このような従来のヤクザとは異なる数々の命令が矢野によって部下らに指示されていた。ウージーを持ち出したり、周囲の人を気にすることなく「後ろからバババッてやれ」と命令したりする矢野に対して、小日向は「狂っているとしか思えない」と当時の感想を記した。『伏せろ』と言って伏せない奴はみんな仲間だ」などと話した矢野についての不信感をますます募らせていった。

「ヤクザではなくテロリストだ」（櫻井氏）

小日向は手記で、矢野は身内だった石塚隆組長を日医大ＩＣＵ事件で殺害して「おかしくなりはじめ」たと書いた。果たして矢野という人物はどういった人間だったのだろうか。矢野は前橋スナック銃乱射事件に繋がる一連の襲撃事件と、配下の石塚組長殺害などを指示したとして、多くの罪に問われたが、そのすべてを否認した。事実関係を認めた小日向から遅れること約五年、二〇一四年三月に死刑判決が確定した。その後、別の二件の殺人事件を告白し、日本の司法制度史上初めて、確定死刑囚の立場で逮捕され、裁判が行われた人物として、事件史に名を残した。

すでに死刑が確定しているので、新たに告白した二件の殺人が有罪になろうが、無罪になろうが、死刑判決に変わりはない。矢野は自ら告白しながら、黙秘、否認と変遷し、裁判では無罪主張をしたことから「死刑執行の時間稼ぎ」と批判された。告白通りに二人の遺体がそれぞれ埼玉と神奈川の山中から見つかったものの、共犯者が死亡するなどし、実行犯ではない矢野を罪に問うのは難しく、無罪となった。それから約一年ほどが経過した二〇二〇年一月二六日、東京拘置所で鉛筆削りの刃を使い自殺した。七一歳だった。

〈法務省は二十六日、二〇〇三年に前橋市で計四人を殺した罪などで死刑が確定した元住吉会系暴力団会長の矢野治死刑囚（七一）が東京拘置所の自室で死亡したと発表した。同省関係者によると、遺書のようなものがあったといい、遺体の状況などから自殺とみられる。

同省によると、拘置所の職員が同日午前七時四十七分ごろ、単独室の布団の中で首から出血している矢野死刑囚を発見。午前八時一〇分に死亡が確認された。

確定判決によると、矢野死刑囚は、暴力団抗争をめぐり組員に指示して、前橋市のスナックで〇三年一月、元組員一人とその場にいた客三人を銃で射殺させた。一四年に殺人罪などで死刑判決が確定。

死刑確定後には、別の二件の殺人事件に関わったと告白する手紙を警視庁に送付。捜査の結果、遺体が見つかったため逮捕・起訴されたが、公判では一転無罪を主張した。東京地裁は一八年の判決で、手紙について「殺人実行や共謀に加わっていなければ知り得ない情報が含まれていない」と指摘。被害者の死亡後に死体のある場所を知ったとしても不自然でないとして無罪を言い渡した。さらに手紙送付で捜査が始まることなどから、告白の目的は「死刑執行の引き延ばし」と認定した〉（二〇二〇年

一月二七日付朝日新聞朝刊社会面）

死刑執行の日を待つ身の小日向にとって、最も憎んでいた矢野の死というのは大きな衝撃だっただろう。矢野と浅からぬ因縁を持つ、警視庁組対四課の元管理官、櫻井裕一氏は「矢野はヤクザではなく、平成のテロリストだ」と当時を振り返る。

昭和二三年生まれの矢野は、自身の判決文によると、昭和五〇年ころに住吉会幸平一家傘下の組員になり極道の道に入った。昭和六三年ころに、五十嵐組内の組長となり、平成一三年八月に矢野睦会を発足させて五十嵐の跡目を継ぎ池袋の貸元となった。貸元とは、その地区の責任者のような立場だ。

「矢野は遅咲きでした。ヤクザになったのは二〇代後半、そもそものスタートが遅かった。住吉会の中でも幸平一家は武闘派として名を売っていました。そこで存在感を増して行くために誰よりも過激になろうとしたのかもしれません。

晩年の彼は指が両手ともに親指と人差し指しかなかったんです。部下を含め多くの責任をとったということになりますが、それだけへまをしているとも言える一方、当初はしっかりと下の面倒も見ていたのかもしれません」（櫻井氏）

四ツ木斎場で、住吉会の幹部二人が射殺された事件の報復として、矢野が陣頭指揮を執った稲川会大前田一家への襲撃。後の報道では、住吉会が斎場で取り押さえた実行犯の身柄を警視庁に引き渡したとして組織内で批判を浴び、「名誉回復」のため、上役の許可をとって、矢野が一連の事件を計画した、ということも明らかになっている。

「矢野が崇拝していた五十嵐は当時、住吉会の本部長と大出世を果たしていた。そんな中で、四ツ木斎場事件が起こり、五十嵐は取り押さえた実行犯を警視庁に引き渡す決断をした。稲川会と手打ちはしたものの、指示をしていた佐川（仮名）や後藤ら幹部まで捜査は伸びなかった。『なんで引き渡したんだ』と組織内からも五十嵐に対する批判が強かったんです。矢野は五十嵐のことを慮り、この二人の襲撃に固執したとされています」（同）

失敗続きの襲撃だったが、これに参加していた矢野の部下である石塚隆組長は、矢野に対して不満を持っていた。

「石塚は矢野よりも先輩で、襲撃のリーダー役でした。しかし失敗し、こんなことをしていても捕まってしまうと、不満を周囲に言っていた。内妻にも『消される』などと打ち明けており、逃げ出したんです。矢野としては、もし彼がすべてを警察に話すと自分たちも捕まってしまい、襲撃ができなくなることを恐れた。そこで、彼を部下に呼び出させて要町で襲うんです。命からがら逃げ出し、日医大病院に入院しました」（同）

第一章の解説でも書いたが、櫻井氏は矢野に襲撃された石塚隆組長が搬送された日医大病院で、矢野に直接会っている。

警視庁が石塚殺しの犯人を追う中、矢野は別の襲撃を群馬県内で次々に起こした。そして、前橋スナック銃乱射事件に繋がるのだ。

スナックの事件から数日後、当初は襲撃役だったが、直前に小日向とトラブルになり山田死刑囚と実行役を交代した井口行動隊長が「自分がやった」と群馬県警に自首したこともあり、早くから矢野睦会による犯行の一部だと捜査当局は確信していた。しかし、小日向が手記で書いたように、犯行は周到に準備されたものだった。当時の報道を見ると、矢野睦会が群馬県内に借りていたアジトは様々な名義で三カ所。連絡のやり取りは、とばしの携帯だった。それではなかなか直接的な証拠は見つからない。矢野睦会と分かっても、それぞれの事件について実行犯が誰なのか、特定しないと捜査は進展しないのだ。

警察庁は、前橋スナック銃乱射事件を受けて、各警察本部に住吉会に関する犯罪捜査の徹底を指示。当時の報道によると、全国で五〇〇人もの関係者を摘発したという。その中で矢野睦会による犯罪の捜査に特に力を入れていたことは書くまでもないだろう。

「とにかくサッチョウ（警察庁）からは、どんな微罪でもいいから矢野睦の人間を捕まえるように指示されていました。構成員一人一人の携帯やＤＮＡを得る目的もありました」（同）

群馬県警は自首した井口行動隊長を、後に銃刀法違反容疑で逮捕していたが、証拠が集まりきらず、処分保留で釈放せざるを得なかった。

「釈放には私も関わったんですよ。多くのことを知っているのですがなかなか口を割らない。しかし、彼が実行犯でないことは間違いなかった。拳銃の発見場所などが、証言とずれていましたから。別人を逮捕するわけにはいきません。組織から命を狙われるかもしれないので、群馬県警からの釈放に立ち会いました。井口は前橋から一度、埼玉県内のホテルに連れて行き、そこから遠くに行かせましたね」（同）

それから数ヶ月間、群馬県警と警視庁の捜査は水面下で進んでいた。佐川の家を小日向らが火炎放射器で襲撃した件で、群馬県警の捜査本部は火炎放射器の製造元を割り出し、二〇〇三年六月に製造した会社の社長らを逮捕。そこから「矢野に指示された」という証言を引き出し、ついに同年七月八日に、矢野を放火予備容疑で逮捕したのだ。

「警視庁は群馬県警と連携しながら、日医大事件の捜査を進めていました。その中で、私が取り調べを担当した人間にキーマンであるXがいました。日医大に入院していた石塚組長をICUまで乗り込んで殺害した実行犯です。彼を別件で逮捕し、二〇日間の取り調べをしていく中で、人間関係が多少なりとも把握できました。そして彼は自ら、『石塚を殺した』と自白してくれたんです。報復も怖かったでしょうが、Xは矢野の指示も認め捜査が一気に進展しました」(同)

このように群馬県警と警視庁の捜査が迫っていることを、矢野も十分に理解していたのだろう。櫻井氏によると、二〇〇三年五月に矢野は自らの首を切り自殺未遂をしているという。一五年以上を経て、自殺を完遂することになるが、この時と同じ首を切っての自死だ。

そして同年九月一日、ついに警視庁は日医大事件に踏み込む。すでに別件で服役中だったX、矢野、そして片岡総本部長(仮名)の三人を石塚に対する殺人容疑で逮捕したのだ。

当時の新聞報道を引用する。

〈日医大組長射殺　住吉会系会長ら逮捕　報復に失敗　内部粛清か

日本医科大学付属病院(東京)で昨年二月、入院中の指定暴力団住吉会矢野睦会傘下の組長が射殺された事件で、警視庁組対四課は一日、殺人容疑などで矢野睦会会長、矢野治被告(五四)=現住建造物放火未遂罪などで起訴=ら三人を逮捕した。矢野睦会は一般市民ら四人が射殺された一月の前橋市のスナック乱射事件に関与した疑いが強く、警視庁は前橋事件についても追及する。

一連の住吉会―稲川会大前田一家の抗争に伴うもので、警視庁などによると、日医大事件は大前田一家側への報復に失敗した組長に対する住吉会内部の〝粛清〟だったらしい。

ほかに逮捕されたのは、同会系組長、片岡（仮名）被告（五四）＝同＝と、殺害を認める供述をしていた同会関係者、X受刑者（五六）＝職業安定法違反の罪で服役中。矢野、片岡両容疑者は容疑を否認しているという。

調べによると、三人は昨年二月二十五日午前九時ごろ、日医大病院一階の集中治療室に入院中の石塚隆組長＝当時（五四）＝の頭と背中に窓の外からけん銃数発を命中させ、殺害した疑い。石塚組長は前日夕、豊島区の自宅近くで撃たれ入院していた。警視庁は、矢野容疑者の指示で片岡、X両容疑者が集中治療室までとどめを刺しに行ったとみている〉（二〇〇三年九月二日付産経新聞大阪版第一社会面）

櫻井氏が続ける。

「矢野は、日医大病院で殺害される直前に『大丈夫だよな』と意識がもうろうとしている石塚に声をかけていたのが、看護師によって目撃されています。殺そうとしている部下に余計なことを話さないよう脅しているんです。

矢野の恐ろしさを象徴するエピソードは他にもあります。Xが別件で逮捕された際、矢野は面会に来ようとしましたが、接見禁止がついており叶わなかった。そこでXにある本を差し入れてきたんです。『荒木村重』の伝記です。荒木村重は、主君だった織田信長に『有岡城の戦い』と呼ばれる謀反を起こしたことで有名です。これに対し、信長は村重の妻子を人質に取り、降伏すれば助けると伝令を出しましたが、村重は拒否。妻子や村重についた重臣の家族は市中引き回しの上、処刑されました。つまり『裏切れば、身内を皆殺しにする』という脅迫メッセージです」（櫻井氏）

そして小日向が前橋スナック銃乱射事件を起こした後、偽造パスポートを作り、フィリピンに逃亡したこともXは知っており、その供述から小日向の身柄確保にも繋がったが、その詳細は後章に譲る。群馬県警の捜査本部が小日向と矢野を前橋スナック銃乱射事件での殺人、銃刀法違反などの容疑で逮捕したのは二〇〇四年二月一七日。事件は一気に進んだ。

前橋スナック銃乱射事件のほか、一連の襲撃事件や石塚組長殺害など多くの罪に問われた矢野は、直接の実行犯ではないため「自分は知らない」とすべての事件について長い裁判で無罪を主張し続け、遺族らの感情を逆なでし続けた。

そして最初の逮捕から四年以上を経た二〇〇七年一二月一〇日、矢野は東京地裁で死刑判決を言い渡された。計五人に対する殺人のほか、多くの罪に問われた矢野の公判期日は七一回を数え、初公判からは三年半の月日が経過していた。朝山芳史裁判長は「責任は実行犯と同等以上」とし、「一種の無差別テロ」「責任を回避する卑劣な言動に終止している」などと指弾した。

極刑にも動揺するそぶりを見せない矢野に対し、傍聴席からは遺族の関係者から怒りの声があがり、矢野の関係者が怒号をあげ返すなど裁判も荒れたようだ。

「しばらく住吉会は矢野を支援し続けました。彼が裏切ったら、上層部にもまずい人がたくさんいたでしょうし、彼の襲撃は組織のためでもありましたから」(同)

その後、二審の東京高裁でも死刑判決となり、最高裁が矢野の控訴を棄却したのは二〇一四年三月一四日のことだ。すべてを認めて、「矢野に指示された」と供述し続けた小日向と同様、「小日向の供述は虚偽だ」とし無罪を主張し続けた矢野にも死刑が確定することとなった。

かくして死刑囚となった矢野は、いつとも知れない執行を待つ身となった。しかし、すんなりと受け入れる男ではなかった。

「死刑確定から約半年後の二〇一四年九月、矢野は『他の人物も殺した』と、告白する手紙を警視庁目白署長と新潮社に送り、翌年にもさらに別の人間を殺したと、渋谷署長と新潮社に手紙を送りました。そして、その言葉通り、埼玉と神奈川の山林からそれぞれ不動産関係の男性の遺体が出てきました」（同）

ＤＮＡ鑑定により遺体の身元も特定され、二〇一七年四月、警視庁は矢野を逮捕。前述したように、死刑囚の逮捕は戦後初めてだったこともあり、世間の注目が集まった。

しかし一度は自ら告白しておきながら、矢野は「告白内容はウソだ」などと無罪を主張するようになった。自白は、死刑が確定し罪をすべて話そうという意図ではなく、裁判で争い死刑の執行を遅らせる目的だったようだ。

殺人も死体の遺棄も別の実行犯がやったとみられ、東京地裁は「別の人物が殺害し、被告が遺体の処理を請け負ったことも考えられる」「死刑執行を先延ばすための虚偽の告白だった疑いがある」として二〇一八年一二月、無罪を言い渡した。裁判長は執行先延ばしの意図があることから、検察に控訴しないよう異例の発言をした。これを検察も受け入れ、司法手続きの終了という手段で矢野に対抗した。無罪を覆すにはさらに数年の月日を要することが想定されたからだ。

「高裁、最高裁まで争うとさらに数年単位の歳月を費やしてしまうので、この件を控訴しないことは捜査した身としても理解できました。矢野に振り回された形になりましたが、二〇年近くの間、身内が忽然と姿を消し行方を心配し続けていた遺族に遺骨をお返しでき、『ありがとうございました。やっと安心できます』という言葉をいただけたので、それだけで時間をかけて捜査した甲斐はありました

ね。我々も報われました」(同)
この件での無罪が確定し、再び死刑執行を待つだけの身となった二〇二〇年一月、矢野は収監先の東京拘置所で自殺した。支給されている鉛筆削りの刃で何度も首を切りつけたことによる失血死だった。
「前橋スナック銃乱射事件の被害者に、日医大ICUで殺害した配下の組長に、告白通りに見つかった二人の遺体……。彼の周辺で姿を消している人は他にもまだいるんです。矢野は『平成の殺人鬼』です。もはや良いヤクザの親分像とは対極にある人間でした。人よりも年をとってからヤクザになり、下積みの大変さも分かっていたはずなのに、部下もカタギの命も軽く扱った。
最後に自ら死んだのは、なんだかやるせないですがね」(同)
幸平一家の元ヤクザである埼玉県川口市の「罪人の友」主イエス・キリスト教会の進藤龍也牧師は小日向を長年支援してきたが、矢野とも交流があった。
「矢野さんが首を切るのに使用した鉛筆削りは死刑囚も持つことのできる数少ない備品でしたが、彼の自殺のせいで現在は所持できなくなりました。若い衆のために指を落とす親だった矢野さんは、なぜ部下だった石塚組長を破門や絶縁ではなく殺害するようになってしまったのでしょうか。私がまだ十代だった頃、〝組長麻雀〟に駆り出されて卓を囲んだことがあります。その時の矢野さんは気さくで話もしやすかった。池袋というシマを手に入れてから恐怖政治を敷いていったようですが、どのような心情だったのか計り知ることはできません。当初、小日向は矢野さん憎しの思いがかなり強かった。そこからいかに脱却し、罪と向き合うかが、死刑囚として彼が最後にすべきことだと考えています」(進藤牧師)

第四章

乱射

――手記④

私は、入り口から入って左側にあるボックス席で立っていたサングラスをかけている一見ヤクザ風の人にマカロフで二発、店の奥でこっちを向いて立っている人に後藤の仲間だと思い二発発射し、合計八発射ったと思います。

乱射事件があった「すなっく加津」の現場検証

矢野会長に「後藤の自宅の出入りを狙った方がいいんじゃないですか」と、マシンガンや手榴弾を使う、カタギの人を巻き込んでしまう恐れがある方法ではなく、ハデではなく確実にけん銃だけを使い、後藤だけをしとめる方がいいと、進言しました。すると矢野会長は、「後藤も気をつけているだろうし」「道具持っているし」などと言っていました。

しかし、どこかの店の中で後藤を狙うにしても、後藤がけん銃を持っていて、周りに気を付けているというのは同じはずですから、私はなぜ矢野会長が、どこかの店の中で後藤を狙うことに固執しているのかよくわかりませんでした。あるとすれば売名行為か、狂っているとしか思えませんでした。

そしてとうとうスナックという不特定多数の人が出入りする小さな店で襲撃することになってしまったのでした。それは、平成一五年（二〇〇三年）一月二〇日から二一日頃でした。矢野会長から携帯電話に連絡が入りました。

再び群馬へ

「群馬に行ってくれ」「後藤が動き出しているようだから」「きっちりとどめさせよ」「道具

（けん銃）いくつあるんだ」「全部持って行け」「本部長に車用意させるから、それにバイク積んで道具持ってアジトに入れ」「時間は車用意する段取りもあるだろうから、本部長と決めてくれ」

さらに「手元に四丁のけん銃がある」と答えた私に対して、その四丁を全部持って群馬に行き、後藤を必ず殺すように矢野会長が指示してきたのです。

四丁のけん銃は、コルトガバメント一丁、マカロフ二丁、スミスアンドウェッソンのリボルバー（回転式けん銃）一丁でした。すべて林ちゃんに預けてありました。

頭はズキズキ痛むし、鎖骨は折れ、痛くて腕が上がらないのに、どうして私が駆り出されなければならないのか……。まだ元気なのはたくさんいるのに……。矢野会長をうらみました。

林ちゃんと連絡を取り、矢田本部長と井口行動隊長とも連絡を取って合流し、首都高速から東京外環自動車道に入り、川口ジャンクションから東北自動車道に入り、浦和インターチェンジで降りて一般道に入り、「ウィーブ」（仮名）というバイク屋で待ち合わせました。

けん銃四丁と盗難車のスクータータイプのバイクを預けており、カギや偽造ナンバーをつけてちゃんと走れる様にしてもらっていたのです。そのバイクを受け取り、矢田本部長が借りてきたレンタカーのワンボックスのバンに、これを積み込み、矢田本部長が用意してきたフルフェイスのヘルメット二つも積み込んで、東北自動車道を東京方面に戻り、東京外環自動車道に入り、そこから関越自動車道で群馬方面に向かい、本庄児玉インターチェンジで降りて一般道で群馬県の吉岡町のアジトにつきました。

途中、何事もなくスムーズにアジトまでバイクとヘルメット、けん銃を持ち込んだのでした。

アジトには見たことのない車、日産マーチが止まっていました。矢野会長からは、「車を用意したからそれを使え」と言われていました。このマーチを見たのは、今回アジトに入った時が初めてでした。

このマーチは薄いグリーンメタリックのような色のもので、最新型ではなく、前の型のものでした。盗難車ではなく、誰かから借りた正規のものだと矢野会長から聞かされていました。

今回の襲撃後、群馬から引き揚げる際、矢野会長から、「車を引き揚げてもらうから、車のカギを中に置きっぱなしにしておけ」と、指示されていました。

次にアジトについて少し話しますと、群馬県の吉岡町にある二階建ての一戸建てで、玄関を入って左側に和室があり、右側に洋室があり、その奥にＬＤＫがありました。玄関から入って正面に階段がありましたが、二階には上がってはならないと、きつく止められていたので、上がったことは無いのでどんな間取りかはわかりません。一階のみ使用を許可されていました。

玄関から入って階段の右奥にトイレとフロ場がありました。主に一階の洋室を使っていました。その部屋には、コタツとテレビがあり、そこで雑魚寝していました。食べ物や飲み物など必要な物は浦山が届けてくれました。

私たちが生活に使っていたのは玄関右の洋室とＬＤＫのキッチン、フロ、トイレ位でした。

まずアジトに着いてから、さっそくマーチで井口行動隊長とスナックの下見に行きました。グルッと店の周りを見て、バイクと車を止める場所などを決めました。一度アジトに戻って、折れた鎖骨が痛かったのですが、我慢してバイクに乗り、マーチに井口行動隊長が乗り、バイクを止めておく場所まで行き、そこからマーチで二人でアジトまで帰りました。

実際に襲撃に行く時は、車でバイクを止めてある場所まで行き、バイクに乗り換えて私の運転でスナックに向かい、井口行動隊長が店内に入り、後藤を殺して私は後ろからバックアップするということになりました。

詳しくは井口行動隊長から、「バイクに乗って行って、エンジンをかけたままで店の横に止めて、先に俺が入るから副隊長（私）はあとからついてきてくれ。俺が後藤をやるから、副隊長はバックアップしてくれ」と言われました。

それから渡されていたスナック周辺の地図を確認して、「確認したら燃やせよ」と、指示を受けていたので、キッチンで燃やしました。

アジトでの生活は、昼はカップラーメンを食べ、夜はいつGOサインが出るか、毎晩七時頃から夜中までピリピリしていました。

矢野会長から、「まだ動きはないからリラックスしてろ」などと関係の無い電話が入るたび、「きた!!」と、リラックスどころではなく、ピリピリが最高潮に達するのでした。そして夜中にまた電話が入り、「今日は動きなしだから寝てもいいぞ」などと電話で言われ、ピリピリしているのに寝られる訳もなく、酒を飲んでまぎらわせ、それでも寝られず、浦山に頼んで持ってきてもらった睡眠剤を飲んで、やっとうとうと寝られる位のものでした。

夜の電話が鳴るたびに、「きた!」と、身がまえて、ピリピリした空気が最高潮を迎えて、心が休まる時はありませんでした。それでも毎日夜になると、「後藤が店に入ったら連絡するから待機していろ」とか、「多分一人だろうから」とか、「きっちりとどめさせよ」などと、何度も電話が入り、指示がありました。

井口行動隊長が持っている携帯電話にも、矢野会長から電話が入っているようでした。そして午後六時頃になると矢野会長から、「そろそろ店開くから準備しとけよ」という電話が入り、午後九時か一〇時になると「まだ入らないみたいだから、リラックスしておけ」というう、ちっともリラックスできない電話が何度も入っていたのです。

このように電話が鳴るたびに「ビクッ」となるような緊張状態が続くのでした。

狂った隊長

そんな生活をつづけて二日か三日位たったでしょうか。平成一五年の一月二三日頃に井口行動隊長が、おかしくなってしまったのです。井口行動隊長は、「風邪ひいた」といって調子悪そうにしていました。ところが、風邪をひいて調子悪いなら寝ていればいいものを、浦山が差し入れてくれたビールや焼酎を飲んだりしていました。

そしてこの日の井口行動隊長は、口もきかずに私の方をジッと見つめてきたり、何かブツブツと独りごとを言ったりして、私が、「どうしたんですか?」「何してんですか?」などと声をかけても返事をしてくれず、私の方から、「何かあるなら言って下さいよ」などと言ったのですが、それでも井口行動隊長からは、何も返事がありませんでした。

どうやら覚せい剤をやっているようでした。私の方もアジトに入ってからずっと緊張している状態が続いて、このような井口行動隊長の態度に頭にきてしまい、となりの部屋のリビングテーブルで、ごみを片付けたりしながら、「冗談じゃねえよ」などと小言を言ったりしていたのです。

すると井口行動隊長が、今回持ち込んであったけん銃のうち、一番殺傷能力のあるコルトガバメントを持ってリビングに入ってきて、それを両手で構えて私の方に向けて来たのです。銃器は、「破壊してもかまわないと思うもの以外には、向けてはいけない」と、アメリカなどでは言われていますが、井口行動隊長にはこの時、私を「殺してもかまわない」という「殺意」があったようです。

私は丸腰で武器は何も持っていませんでしたが、もし銃を持っていたら迷わず反撃していたでしょう。

井口行動隊長は撃鉄をおこしていました。つまりいつでも発射できる状態で、二ミリか三ミリ引き金を引けば打てる状態でした。もちろん引き金には指がかかっていました。

私は迷わず飛びかかりました。一か八かです。すぐ撃鉄のあいだに左手の親指をはさみ、引き金を引いても発射できなくしました。

そして銃を取りあげようと、銃身をつかみ、井口行動隊長の方に向け、ひねりましたが、井口行動隊長も銃身をつかみ抵抗しました。私は引き金のうしろに指を入れて引き金を引けなくしました。

そしてもみ合い、一〇分から一五分、銃の取り合いをしました。手を離せば殺されると思いましたし、井口行動隊長もそう思ったでしょう。コルトガバメントは四五口径もあるので、ひとたまりもありません。双方手を離さないので、弾の入ったマガジンを取ろうと思い、そこで私は井口行動隊長に話しかけました。

「隊長、発射できなくするからね、マガジン取るよ、いいね！」と、声をかけました。井口行動隊長は、「うん、うん」と、うなずいていました。マガジンとは弾丸が入っている弾倉のことです。リリースボタンを押してマガジンを取りました。次に、「銃身をスライドさせるよ、いいね！」と声をかけて、銃身をスライドさせて、チャンバー、つまり弾丸が入っている薬室のことで、この中に弾丸が残っていれば、引き金を引けば発射されます。その中のスライドをいきおいよく引き、薬室に残っていた弾丸を取りのぞきました。これで弾丸は発射できなくなりました。

チャンバーの中に弾が残っていたことから、井口行動隊長は、私のことを殺すつもりだったことがわかりました。

井口行動隊長は、「何やってたんだろうなあオレ」などとつぶやいていました。覚せい剤でおかしくなったのではなく、しらふで、おかしくなった「ふり」をしていたのです。

「こっちが聞きたいわい」と思わずつぶやいてしまいました。

落ちついてひといきつくと、あぶら汗を体中にかいていました。私はすぐに他のけん銃の弾丸をすべて抜き、けん銃と弾丸をバラバラにして保管しました。このようにして、井口行動隊長がおかしくなってしまったため、矢野会長から渡されていた携帯電話で連絡を取った所、食糧を持って群馬に向かっているとのことで、矢野会長から指示されたコインスナックのようなところで待ち合わせることになり、井口行動隊長をアジトに残して私が一人でマーチを運転して、そこに行きました。

そして、そこで矢野会長と会って井口行動隊長からけん銃を向けられたことを報告して、「あんな人と一緒にいられません。自分を外して下さい」とお願いしたのです。ところが矢野会長は、「ダメだ」と言って、「山田にするのは、どうだ」と言って結局、井口行動隊長を山田健一郎さんに交代させることに決めてしまったのです。

私は何度も、「隊長じゃなく、自分を外して下さい」「一から十まで全部私にやらせるつもりじゃないでしょうね、と言ったら『そんなことはさせない大丈夫だ』と言ってたじゃないですか、約束が違うんじゃないですか」と懇願したのですが、矢野会長に、「これ以上俺を困らせるんじゃねえ」とすごまれ、これ以上言ったら石塚組長の二の舞になる……と思い、何も言うことができなくなりました。

メンバーの交代

そして、この日の夜に矢田本部長が山田健一郎さんを車に乗せてアジトにやってきて、代わりに井口行動隊長を連れて帰っていったのです。矢田本部長と健一郎さんがアジトに入って来て、私と矢田本部長が少し話をした後、矢田本部長が、井口行動隊長がいる和室に入って行って、井口行動隊長と少し話をして、矢田本部長の車に井口行動隊長を乗せて、連れて帰ったのです。

このようにして、井口行動隊長は、私と一緒に四丁のけん銃と多数の弾丸を持ってバイクと共にこのアジトにやってきて、後藤を殺すために、スナックの下見をしたり、バイクの置き場所を決めたり、後藤を殺した後で四丁のけん銃を捨てる場所を決めたりして、後藤を殺すための準備まではしたのですが、二三日頃に様子がおかしくなってしまって、結局後藤を殺す実行をする前に帰ってしまったのです。

この時、井口行動隊長は自分のクツではなく私のバスケットシューズをはいて、自分のオンボロのクツをのこして帰っていったのでした。まったく腹立たしいことばかりでした。その前に、アジト内で目出し帽をかぶってからヘルメットをかぶってみましたが、きつくて頭が入らないことがわかり、井口行動隊長とヘルメットの内側のスポンジをすべて取りはずしました。こうすると、目出し帽をかぶっていてもヘルメットをかぶることができました。

こうしてヘルメットの中に目出し帽を入れ、健一郎さんに交代しても問題なく後藤を殺すために待機することができたのです。

アジトの中では、黒いジャージ上下を着て手袋をはめて待機していました。いつでも出撃できるようにしていたのです。健一郎さんにメンバー交代してからは、けん銃にも弾を込めてコタツの横にならべて置いておきました。健一郎さんに交代してから、バイクの置き場所やスナックの周りをグルッと回って様子を見て回りました。

健一郎さんは、スナックを以前に下見に来たことがありましたので、井口行動隊長から交代してから改めて下見をしたというよりは、井口行動隊長と私との間で決めたバイクの置き場所や、けん銃などを捨てる場所に健一郎さんを案内して、確認してもらった、という所でした。

健一郎さんがアジトに来たのは、平成一五年一月二三日夜だったと思います。下見はその日のうちにやっていたので、二三日から二四日にかけてのことだったと思います。私はスナックからバイクの置き場所、けん銃などを捨てる場所を順に回って、バイクの置き場所では健一郎さんに対し、「ここにバイクが止めてあるんで、ここで乗り換えて店まで行って」「この川でけん銃とかヘルメットを捨てて」「こういう話になっているんですけど……」などと説明し、それぞれの場所を説明しました。

これに対して健一郎さんの方は、「あっそう」などと言っていて、私の話を聞いてくれていたと思います。こうして井口行動隊長と私との間で決めたとおりの打ち合わせが、健一郎さんとの間でもできたのです。

そして健一郎さんが来てから、改めて四丁のけん銃すべてに弾を込め直しました。井口行動隊長と私との間では、井口行動隊長がコルトガバメントとマカロフを使い、私がマカロフとスミスアンドウエッソンのリボルバーを使うという打ち合わせになっていたのですが、健一郎さんと私で、けん銃に弾を込めていた時に、このようなけん銃の分け方になっていたことを話して、「こういう風になっていたんですけど、いいですかこれで」などと聞くと、健一郎さんは、「分かりました」と、了解してくれました。

このほか健一郎さんは黒いジャージ上下や、ヘルメットの試着を改めてしていました。健一郎さんとの間では、このような準備をしたほか、実際にスナックで後藤を殺す時の役割についても、一緒にスナックの周りを回ったりして説明していた時に話したと思います。

それは井口行動隊長との間で決まっていたことと同じような話で「バイクに乗って行き、エンジンをかけたまま、店の横に止め、先に井口行動隊長が入って私が後から店内に入り井口行動隊長が後藤を殺すまで、私がそのバックアップをする役だ」ということを説明したのです。

健一郎さんはこれについても「分かりました」と言って、その通りに了解してくれたのです。

ついに来た電話

こうして私と健一郎さんの間で、スナックで後藤を殺す打ち合わせを済ませて、あとはアジトでずっと待機していたのです。この間、矢野会長からは、井口行動隊長がいた頃と同じように、「後藤が店に入ったら連絡するから待機していろ」とか、「そろそろ店開くから準備しとけよ」とか、「店開いたぞ」などという電話がひっきり無しに入っていたのですが、「後藤が店に入った」という電話はありませんでした。

そうして平成一五年一月二五日の夜遅く一一時頃だったと思いますが、矢野会長から、いよいよ、「後藤が店に入ったぞ」「向かえ」という指示の電話が入りました。

「いよいよ来たか……」と、この時の私の気持ちは、言葉では言いあらわせるものではありませんでした。

それまでの間にアジトで家族のことが頭に浮かんだりして、「帰りたいなあ」「家族がいるのに、子供が三人もいるのに何でこんなことしてるんだろうなあ」などと思ったりしていました。

それでも健一郎さんと私は、アジトを出発して、まずバイクを止めてあった場所に向かいました。その途中、矢野会長から、「今どこだ」「どこ走ってる」「まだつかないのか」などと、しつこく電話が入りました。

今回の襲撃に、「私をはずして下さい」と、何度も願い出たのに聞き入れてもらえず、「『一から十まで全部私にやらせるつもりじゃないでしょうね』と聞いた時、『そんなことさせないから大丈夫だ』と言ったじゃないですか」などと、なんとか襲撃からはずしてもらえないか訴えたのですが、挙げ句の果ては、「俺をこれ以上困らせるんじゃねえ」と、すごまれて、これ以上言ったら殺された石塚組長の二の舞だと思い、恐くて何も言えませんでした。言うことを聞かなかったり、逃げたりすれば襲撃の内容を知っているので殺されるし、どうにもなりませんでした。

少し脳内出血して頭痛はひどいし、鎖骨は折れてくっつかないし、体の調子もよくないのに、むりやり駆り出されてこんなことに使われて、不満でいっぱいだったので、電話がかかってきても返事もせず、無言の抵抗をしました。

すると矢野会長は、「ゲームだから、ゲームゲーム」「そんなに深刻に考えちゃだめだよ」などと言って来ました。

これから人の命をうばおうというのに深刻に考えてはいけないのか？　またそれはゲームなのか？

それは暖かいコタツの中で、自分は安全な場所にいて、電話で指示、命令だけしていればゲームのように感じるのかもしれないけど、こっちは真冬の雪の残る寒い中、体の調子も悪いのにかけずり回って、命がけで働いているのだから不満も出て当然でしょう。

と、言いながら、命令には逆らえず、命令通りに動くしかありませんでした。

不測の事態

ところが、バイクを止めた場所に行ってみると、バイクが無くなってしまっていたのです。そのため健一郎さんと私は、「参ったな」「どうしようか」などと話して困っていました。

矢野会長からは、何度も、「着いたか」とか「あとどのくらいだ」などという問い合わせの電話がしつこくかかって来ていました。

その時、バイクが無くなっていることを矢野会長に話して、「そういう不測の事態が起こったので中止しましょう」と進言しました。何とか中止にしたかったのです。

すると矢野会長は、「そのまま向かえ」と指示を出してきました。

そのため健一郎さんと私は、そのまま私が運転するマーチで、スナックの方に向かって行きました。そして、スナックの手前の川のほとりに建っている公民館のような所に車を止めて、そこからスナックまで歩いて行ったのです。

なおこの間、私はけん銃のマカロフとスミスアンドウェッソンのリボルバーをズボンのポケットに入れて持っており、健一郎さんの方もコルトガバメントとマカロフをポケットに入れて持っていました。

このようにして、スナックの方に向かって行ったのですが、その時はまだヘルメットも目出し帽も被っていませんでした。私の目出し帽については私は間違いなくヘルメットの中に入れてアジトに置いておいたのですが、この公民館のような所にマーチを止めてスナックの方に歩いていく時には、私が使う方のヘルメットの中から無くなっていました。

私の使うヘルメットの中に目出し帽を入れて、助手席の足元に置いてあったはずなのに、健一郎さんが助手席に座る時、私のヘルメットを後ろの席に勝手に移したのです。公民館のような所で車をおりて出発する時に、なぜか私が使うヘルメットだけが後部座席に移っていました。そしてそのヘルメットを見てみると、目出し帽が無くなっていたのです。

私は健一郎さんに、「俺の目出し帽どうしたの?」と、聞いてみたのですが、健一郎さんは、「知らない」と言っていました。この時私は、健一郎さんが私の目出し帽を取ったのだと思いました。

助手席の足元に置いておいたヘルメットだけを、私の許可もなく勝手に後部座席に置くことも不自然でした。しかし、私のヘルメットから目出し帽が無くなってしまっていましたから、私は仕方なくそのままヘルメットだけを持って、健一郎さんと一緒にスナックの方に歩いて向かいました。

こうしてスナックの正面にあるドラッグストアの大きな駐車場の北東の角の所にあるアパートとの境目のカベの所までやって来て、健一郎さんと私はスナックの様子を見てみました。

すると、スナックの脇の路地からスナックの入り口にかかるようにして古いタイプのベンツの五六〇SELが、こちらに向けて止まっていました。そしてその中に二人乗っているのが見えたのです。

このほか、店の前には数台の車が止まっており、店の入り口近くには、店のママが乗っていると言われていた赤色のシルビアが見えました。健一郎さんと私はこのような様子を見て、このベンツは後藤のもので、車内に乗っている二人は後藤のボディガードだと思い、「ボディガードがいる」などと話し合いました。

矢野会長からの事前の話では、「ほかには誰もいない」という話でしたし、「後藤が一人でいる所を狙う」という話だったのに、実際にスナックの店の前まで来てみると、あきらかに後藤のボディガードが二人いるのを見て、スナックの店内にもボディガードがいったい何人いるのか分からないという様子でした。

このように矢野会長からの話とは違って、後藤のボディガードが外に二人もいたので、店内にもボディガードが数人いてもおかしくありませんでしたし、事前の情報とちがっているので、店内に後藤と無関係の一般のお客さんがいてもおかしくないという状態だったのです。

矢野会長には密偵君から色々な情報が入っており、例えばスナックの店内には、入り口から見て右の方にカウンターがあり、左の方には、ボックス席があり、後藤がよく座る席を矢野会長から教えられていました。また、スナックのママが後藤と親密な関係にあると矢野会長から聞かされていました。

　このように矢野会長には、後藤のすぐ近くにいる人から情報が入っていたように思えるのに、実際にスナックの前まで来てみると、矢野会長からの事前の話とは違っていて、後藤のボディガードが店の前に二人いて、店内にも後藤の関係者がいる可能性があり、そのほかにも事前の話と違っていたし、矢野会長からは事前に、「後藤なんかは道具（けん銃）持っているからな」「危ないぞ」などと言われていたので、後藤がけん銃を持っているし、後藤のボディガードももちろん持っているだろうと思いました。

　この時、健一郎さんは、「絶対道具持ってるよ」「撃ち合いになるかもしれない」「危ない」などと言っており、私の方からも「話と違うね」などと話し、健一郎さんと二人で、「もしかしたら店の中にもボディガードがいるのかもしれない」「十分考えられる」「これじゃあ危ないから中止にした方がいいよね」「そうだね」などと話をしたのです。

　それで私が矢野会長に電話をかけ、「店の前まで来たんですけど、ボディガードの車があって二人乗っています」「店の中に何人後藤の関係者がいるかわかりません。危ないので中止にしましょう」などと言って、後藤を殺すことをいったん中止にしましょうと進言したのです。

すると矢野会長は、「ちょっと待っていろ」と言って、いったん電話を切ってしまいました。矢野会長には密偵君から情報が入っているはずでしたから、矢野会長は、どこかにこのことを確認したようでした。

すると少し経って矢野会長から電話がかかってきて、「店の中にいるのは三〜四人だ」「みんな後藤の仲間だから」「一般の客はいない」「みんな仲間だから」「いるのはみんな仲間だから構わない」「みんなやらなきゃやられるぞ」「みんなやっちまえ」などと言って、みんな殺すように私に指示してきたのです。

矢野会長はこのほかに、「ボディガードとか、店の中にいる奴とか後藤とかみんな道具持っているだろうから注意しろ」「やんなきゃやられるぞ」「ゲームだから、ゲームゲーム」とも私に言ってきました。

要するに矢野会長は、スナックの店内にいるのはみんな後藤の仲間で、一般のお客さんはいないし、ボディガードも店内にいる仲間も後藤自身もみんなけん銃を持っているから、みんな殺さないと健一郎さんや私の方が殺されてしまうと言って、後藤を始めボディガードも店内の仲間たちもみんな殺すように指示してきたのです。

正直な所、このように店内にいる人たちが、みんな後藤の仲間で、みんなけん銃を持っているというのは、健一郎さんや私にとってかなり危険な状態で、矢野会長は健一郎さんや私が撃ち合いになって死んでしまってもかまわないと考えているのだと思いました。私たちの安全など第一には考えてはくれていませんでした。

　こんなことは、とても二人でできることではなく、最低でも四～五人は必要だと思いました。このような私と矢野会長との電話でのやりとりは、横にいた健一郎さんにも聞こえていたと思います。そして電話を切ったあと私が健一郎さんに「矢野会長が行けって言っている」「みんなやっつけろと言っているよ」などと言うと、健一郎さんも「参ったね」などと答えました。こうして矢野会長から指示されたとおりに従うしかなくなり、追い詰められたのでした。

　矢野会長は、私たちの安全を考えるのではなくとにかく後藤を殺したいだけなんだなと思いました。私は矢野会長の若い衆になったことを後悔しました。このまま逃げてしまおうかとも思ったのですが、もし見つかった時どうなるか。指をつめるだけではすまないのは明らかですし、家族を残していけば家族を危険な目にあわせてしまいます。

　連れていくにも子供が産まれた時に、矢野会長から「おめでとう」の一言もなく逆に、「子供がいるやつは逃げてもすぐわかる。子供は学校に行くんだから調べればすぐにわかるんだ」と、脅されました。

　こういうことを考えると逃げるわけにもいかず、どうにもならなくなりました。進退きわまるとは、このようなことを言うんだなと思いました。行くのも地獄、帰るのも地獄、なぜこんな目にあわなければならないんだと強く思いました。

突撃　スナック乱射事件

それからその場で健一郎さんと打ち合わせをしました。その時私の方から、「ボディガードが一番危ないから車から降りてきたらやるしかないですね」「健一郎さんはそのあいだに店の中に入って。自分も後から行きますから」「そんな感じでいいですかね?」と話しました。

するとと健一郎さんは「それでいいよ」などと言い、そのようなやり方を取ることを承諾してくれました。要するに私がボディガードを殺す役で、健一郎さんがその間に店の中に入って後藤を殺すという役割に決まったのです。

アジトでの井口行動隊長との話で私がバックアップの役割になっており、スナックの店内に後藤以外の誰かがいた時には、その相手は私が殺すという分担になっており、それをアジトで健一郎さんに話したところ、これを承諾してくれていたのですが、この時スナックの横に後藤のボディガードが二人車に乗っていたため、改めてボディガードについて私が殺すという役割分担を健一郎さんとの間で決めたのです。

こうして打ち合わせをした後、この場で健一郎さんが目出し帽とヘルメットを被り、私もヘルメットを被ってスナックの方に歩いて向かったのでした。それから、私が後藤のボディガードを殺す方の役なので、後藤のボディガードの注意を自分の方に引きつけておこうと思い、後藤のボディガードから目に付きやすい道路からスナックの正面に近づいていったのです。

そうして私がスナックの近くまで来てからスナックの入り口に向かって歩いて行くと、車の助手席から後藤のボディガードが一人降りてきて、ポケットに手を突っ込んだまま、「どこ行くんだよ」などと声をかけてきたのです。

私は後藤のボディガードがポケットに手を突っ込んだままだったので、危ないと感じて右手に持っていたマカロフでこのボディガードの腹へ向けて一発発射しました。ところが何の反応もなかったので、「はずれたか？……」と思いもう一発発射すると、うつぶせにたおれたので、今度は当たったと思いました。

あとのボディガードは、車から降りてこないように車のうしろの窓に二発威嚇射撃をしました。そのためか車から降りてはきませんでした。

健一郎さんの方は、その間にスナックの店内に入り、後藤を仕留めているようでした。何発かの銃声がしたのでスナックの店内に入ると、入り口近くにくずれるように倒れている人や、店内の中央に倒れている人がいました。

私は、入り口から入って左側にあるボックス席で立っていたサングラスをかけている一見ヤクザ風の人にマカロフで二発、店の奥でこっちを向いて立っている人に後藤の仲間だと思い二発発射し、合計八発射ったと思います。

店の外にいた後藤のボディガードについては、ポケットに手を入れたまま車から降りてきたため、危ないと思ったため、店内にいる人たちについてはどちらも後藤の仲間だと思って反撃されると思い、その前に射ったのでした。

そして健一郎さんが、私をおしのけて店の外に出ていこうとしたため、私が健一郎さんに対して、「確認したのかよ」と尋ねましたが、これは後藤を殺したのかどうか確認して射ったのかどうか確かめるためでした。しかし、健一郎さんは何も答えずに私をおしのけて外に出て行ってしまいました。

私もその後を追って店の外に飛び出した所、健一郎さんに射たれてしまったのです（注・山田死刑囚は自分ではなく後藤が撃ったと主張している）。弾は右からヘルメットのシールドを貫通して、かけていたメガネのツルに当たり、レンズが粉ごなになり、目に突き刺さりました。ヘルメットとメガネに当たった衝撃波で、耳は「キーン」という音しか聞こえなくなり、目はレンズが刺さった痛みで開くことができなくなり、その場でうずくまってしまいました。


「何で俺をおいて逃げた！」

健一郎さんは近づいてきて、「大丈夫ですか?」などと声をかけてきました。私は、「確認したのかよ!!」と、よく注意もせずに仲間に射たれたことから、頭にきて声をあらげ、後藤を殺したのか確認したのか問いました。

しかし、健一郎さんから答えはありませんでした。そして健一郎さんは、「まだ動いているヤツがいる」などと言い、ベンツに乗っていたボディガードに向けて銃をバンバン射っていました。

そして目も見えない、耳もキーンと鳴ってよく聞こえない、おかげで方向感覚も無くなってしまったのに、私をおいて健一郎さんは逃げて行ってしまったのです。

私は、「待て!!」と言ってフラフラしながら左目だけをこらして、なんとか後を追いました。健一郎さんは、私に肩をかすわけでもなく、とっとと車の止めてある公民館のような所に、逃げて行きました。

しばらくして、やっとの思いで公民館のような所に止めた車にたどり着いた私は頭にきて、「何で俺をおいて逃げた!」と問いつめると、健一郎さんは「すいません」と謝っていました。

「すいません、じゃなくてなんで一人で逃げたんだ!」と問いつめると、「車の中にもう一人乗っているのが見えて、危ないと思って」などと言いました。

それで私が、「危ないと思ったら自分一人で逃げるのか!!」と、問いつめると、やはり

「すいません」などと謝っていました。

あと数センチ、数ミリちがっていれば、私は死んでいたでしょう。そう考えると余計に腹が立つとともに、射たれて当たったメガネのツルが無くなっており、それがとても気にかかりました。

「目出し帽をかぶっていれば、ツルがなくなることもなかったろうに」と思うとさらに腹が立つのでした。

健一郎さんは私が運転席に座るのを待っていて、こんな目や耳で車など運転できるはずもなく、痛む目をおさえながら、「お前が運転しろよ!!」と、頭にきて強く言いました。

そして健一郎さんの運転で、けん銃などを捨てる場所に着き、けん銃、ヘルメット、ジャージ上下を捨てました。そしてなんとかアジトに帰ることができたのでした。

アジトに帰ってからすぐ洗面台に向かい、目がどうなっているのか片方の左目でよく見てみると、目の中にガラスがゴロゴロ入っていて、それを流水で取りのぞきましたが、突き刺さっているものもあり、ピンセットか毛ぬきでもないと、取れないことがわかりました。そのほかを見るとメガネのレンズの破片で目の回りや、鼻スジにかけて皮膚が引き裂かれており、非常に痛みました。

何と言っても目の中がレンズの破片でゴロゴロしてとても痛み、水で流して取りのぞいても眼球に突き刺さったレンズの破片のせいで非常に痛み、目を閉じていてもとても痛むのでした。

事件のあと、アジトに帰ってきてから健一郎さんがマーチの中でゴソゴソやっており、しばらくしてから、「車の中にあった」などと言いながら、もう一つの目出し帽を見せてきました。公民館のような所で車を止めた時になぜ探してくれなかったんだと思うと腹が立って、「勝手に俺の目出し帽入りのヘルメットをうしろにうつした時、落ちたんだろう⁉」と、健一郎さんを責めました。

健一郎さんは、「すいません」などと言って謝罪してきました。しかし、そんなことは後の祭りです。

矢野会長とも連絡を取らねばなりませんでした。しかし、肝心の携帯電話が壊れてしまい、使えませんでした。

スミスアンドウエッソンのリボルバーをポケットから取り出す時に引き金に指がひっかかり、暴発したのです。それで携帯電話の電池部分がえぐられ、通話ができなくなってしまったのでした。よく自分に弾が当たらなかったと思いました。不幸中の幸いでした。

予備で持っていたとばしの携帯電話で矢田本部長と連絡を取り、矢野会長とも連絡を取ることができました。その際、スナック襲撃の内容は健一郎さんに説明してもらいました。

そうして、浦山が迎えに来てくれることになり、関越自動車道の下りの渋川伊香保インターチェンジの手前にある橋の上でひろってもらうことになりました。

アジトからマーチで橋の近くまで行き、その周辺の駐車場に車を止めてカギをつけたまま乗り捨て、歩いて関越自動車道近くまで行き、のり面を登り、橋の上に出てひろってもらいました。そして新潟方面へ行き、一般道で遠回りをして東京に帰りました。

目の痛みから逃れる方法としては、麻酔と一緒でもう寝るしかありません。なので車の中では睡眠剤を飲んで寝ていたので、新潟方面から一般道で東京まで帰った位しかわからず、どの道を通って帰ったのかはわかりません。

解説　判決文から読むスナック銃乱射事件

〈二十五日午後十一時三十分ごろ、前橋市三俣町三のスナック「加津」で発砲事件があり、店内にいた客六人が撃たれ、同市内の病院に運ばれた。

前橋市内の六十六歳の女性と五十歳代ぐらいの男性、四十歳代の男性の計三人の死亡が確認された。三人はいずれも一般の市民で、巻き添えだった。四発撃たれた男性も含め、残る三人は暴力団関係者で、命に別条はないという。

発砲したのは男二人組とみられ、群馬県警前橋東署は殺人と銃刀法違反などの容疑で行方を追っている。暴力団関係者による抗争の可能性もあるとみて捜査している。

調べによると、スナックの外に止まっていた高級外国車に向かって、二人組の男がいきなり発砲し、その後、店内に入って発砲したという。

二人組は外に出て再び、車に発砲。自分たちが乗ってきた外国車に乗って逃走したという。

現場は、飲食店や家電量販店などが並ぶ国道一七号バイパスそばの一角〉（二〇〇三年一月二六日付読売新聞朝刊一面）

入念な準備を重ねて、小日向将人死刑囚らが実行した前橋スナック銃乱射事件。小日向らに指示を出していた矢野は抗争相手の命を奪うことに固執し、失敗を繰り返しながら過激さを増していった。襲撃方法は、ついに一般人も巻き込みかねない危険なものとなり、それが現実となってしまった。

小日向の手記や判決文によると、事件直前、矢野治元死刑囚は、店内には「ヤクザしかいない」など実際と異なる状況を伝えて誤認させ、「ゲームだからゲーム」と軽く考えるよう指示した。抗争相手の居場所や「ヤクザしかいない」といった情報のネタ元は、小日向が「密偵君」と呼んでいた内通者だ。

二〇〇三年一月二五日、雪の残る群馬県前橋市。全国どこの住宅地にもあるような小さなスナックに突如、ヘルメットをかぶった小日向と山田健一郎死刑囚が乗り込んで来て、拳銃を乱射した。土曜日の夜、気が置けない友人らと楽しく酒を飲んでいた一般客の恐怖はいかほどだっただろうか。抗争とは何の関係もない無辜の一般人三人が殺害され、一人が重傷を負った。ターゲットと背格好が似ていた男性の一人は銃弾を五、六発受け即死した。

事件は大きく報道された。暴力団抗争の巻き添えで複数の一般市民が死亡したのは初めてだったこともあり、世論は暴力団の暴挙に対して厳しい批判の声をあげた。

当時の報道は、発生当時の生々しい現場の様子も伝えている。

〈「パン、パン、パン」。乾いた発砲音が店内に何発も響き、悲鳴とうなり声があふれた。二十五日深夜、前橋市三俣町のスナック「加津」で、女性一人を含む三人の一般市民が巻き添えになって死亡した。短銃で発砲した男二人組は高級外車で逃走、現場一帯は救急車やパトカーのサイレン音が交錯し、周辺住民は不安そうな表情で現場を見守っていた。

関係者取材による「すなっく加津」店内の模様

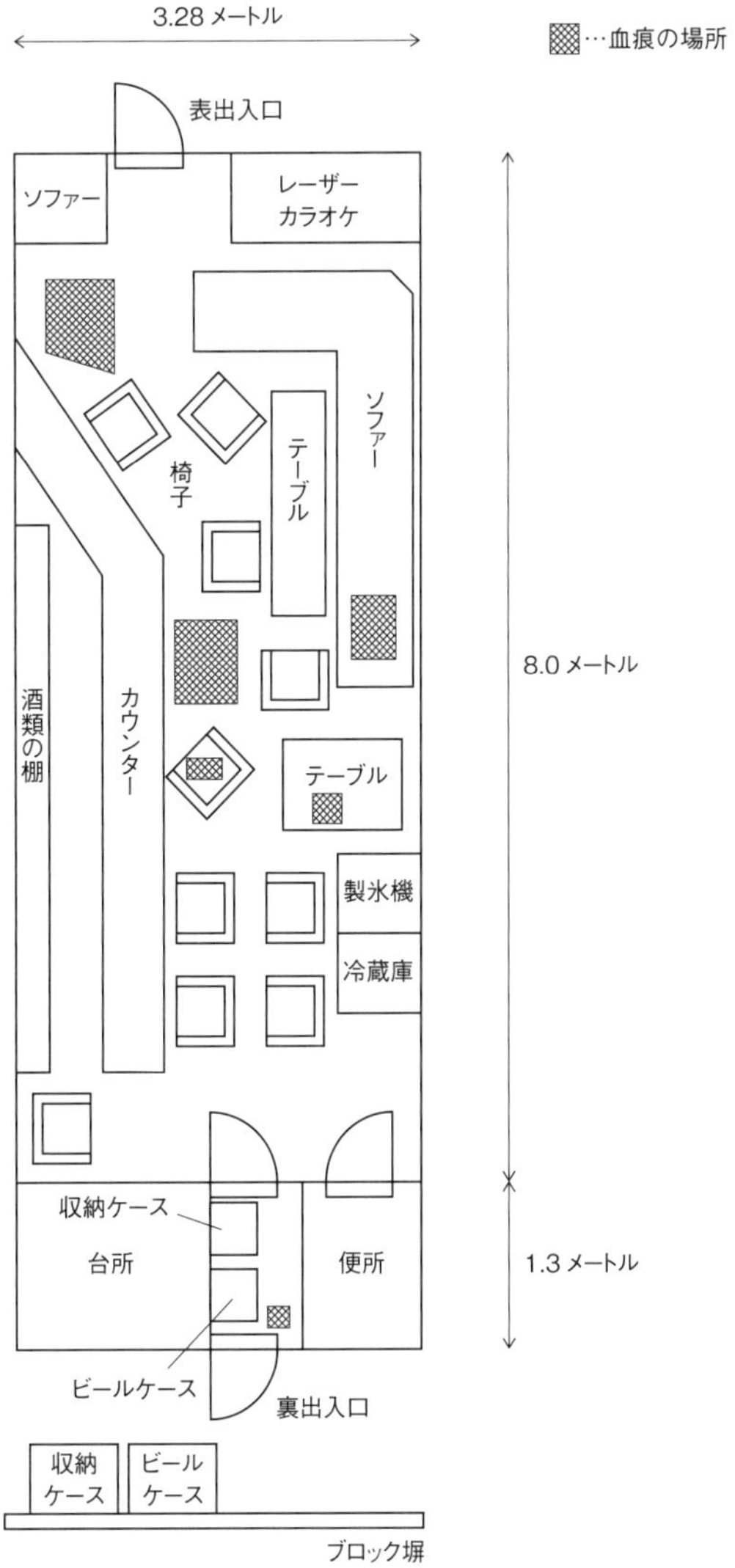

「発砲事件があった。けが人がいるから早く来い」。男の声で一一〇番通報があったのは同日午後十一時三十分ごろ。県警職員が再度応答を求めると、男は「早く来い」を繰り返した。

現場に駆け付けた救急隊員によると、店内は血の海で死亡した三人は床にあおむけになって倒れていたという。

現場近くに住む男性の話では、初めに銃声が立て続けに聞こえ、さらに発砲音とみられる音が三回続いたという。男性は「スナックの外で、三十―四十歳代の男性一人が倒れ、苦しんでいるのを見た」とびっくりした様子で話していた。

群馬県内では昨年二、三月に、前橋市内の元暴力団総長宅などで発砲事件が相次いだほか、昨年十月十四日には同県白沢村の村道で、この総長と関係のある元組長がゴルフ場から市街地に向かう途中、目出し帽をかぶった男らに銃撃を受けた事件も発生している。

群馬県では前橋市などを会場に、二十五日から国体冬季大会が開催されており、同市中心部でも飲食客らが普段より大勢繰り出すなどしていた。タクシー運転手の男性は「不景気の中、国体ムードでなんとか売り上げを伸ばしたい時期に、こんな事件が起きるなんて」と驚いていた〉（同日付読売新聞社会面）

なお、発生直後の読売新聞の報道では実行犯二人が乗っていた車について「外国車」「高級外車」と書かれているが、実際には小日向の手記に書かれたように国産の「マーチ」だった。一般人が三人も巻き込まれる前代未聞の事件に、捜査当局もマスコミも混乱していたのだろう。

その後もマスコミ報道は過熱した。事件の三日後に井口行動隊長が出頭したが、実行犯については黙秘した。各報道機関が事件を追い続ける中、捜査当局も矢野が率いた矢野睦会のみならず住吉会全体への捜査を進め、スナック銃乱射事件以降、全国で五〇〇人もの住吉会関係者を逮捕したという報道もあった。

事件史上初めて、ヤクザの抗争に複数人の一般人が巻き込まれて殺害された前橋スナック銃乱射事件。小日向の一審前橋地裁での死刑判決文（二〇〇五年三月二八日言い渡し）を通して、その詳細について見ていきたい。

三回矢野に襲撃中止を訴えた小日向

乱射事件にいたるまでに、東京・池袋がシマの矢野睦会は群馬県内に三カ所のアジトを準備していたという。密偵君と呼ぶ内通者やアシの付かない盗難車、盗難バイク、拳銃四丁を皮切りに数々の道具を集め、実行犯である小日向らは現場の下見、逃走方法なども入念に打ち合わせていた。判決文によると、小日向らは最寄りの警察署からスナックまでの所要時間も確認していたといい、「その犯行は極めて高度に計画的かつ組織的である」と断じている。

スナックでの銃乱射が現実味を帯びてくるのが、事件六日前の二〇〇三年一月一九日ころだ。小日向は矢野から、拳銃や盗難バイクを持って群馬県北群馬郡吉岡町のアジトに入り、盗難バイクで「すなっく加津」に行って、後藤を襲撃して殺害するように命令された。小日向と井口行動隊長がアジトに入ったのは一月二一日。二人を現地まで送ったのは、当時の矢野睦会ナンバー三の矢田本部長で、組織内でも幹部らのみが知る行動だったようだ。小日向と井口は、周囲を下見し、襲撃手法や移動・逃走手段のほか、それぞれが四丁のうちどの拳銃を使うか、といったことを早々に打ち合わせた。手記にもある通り、ターゲットである後藤の殺害は井口が行い、小日向は支援役だった。そして数日間にわたりアジトで待機し、いつ決行を命令されるのか、電話の着信におびえる日々が始まる。

〈被告人（小日向）は、矢野から、下見などのほかはアジトの外に出ないように指示されていたことから、気晴らしに出掛けるわけにもいかず、また被告人と井口との間には会話もなかったことから、両名の関係はぎすぎすしており、しかも、アジトに入って以来、毎日、「すなっく加津」の開店前から閉店までは、矢野からの連絡があれば、いつでも「すなっく加津」に向かって後藤を襲撃できるように待機を命じられていたことなどから、両名は相当の緊張状態に置かれていた〉（前橋地裁判決文より）

会話もなくぎすぎすした状況だった二人。アジトに入って三日目の一月二三日、小日向はコルトガバメントを持った井口とトラブルになる。井口も精神的に追い詰められていたのであろう。なお、警察関係者によると、二人が覚醒剤を使用していた可能性もあるという。井口の突飛な行動は薬物の影響にあるのではないか、という見立てが当時立てられていたという。

この仲間内でのゴタゴタを理由に、襲撃メンバーから外れようと、矢野に直訴した小日向だったが、外れたのは井口の方だった。急きょ交代で入った山田健一郎死刑囚と、再度打ち合わせをし、井口の役割をそのまま山田が務めることが決まる。

そして迎えた一月二五日。午後一一時ころ、矢野からの運命の電話が来る。

「後藤が店に入ったぞ」

二人はすぐにスナックへと向かった。この時の小日向の心情は「後藤に何の恨みもないのに、その後藤を殺害しようとしていることに嫌な思いを抱えていた」（判決文より）。同様の思いは手記にも書かれていた通りだ。

交通事故でけがをしたことから参加しなかった過去の後藤への襲撃では、「確実に殺害できるように」挟み撃ちにすべしと進言していた小日向。「何の恨みもなく、嫌な思い」というのは、整合性の取れない心境にも思える。遺族らは小日向の完全自供という裁判での態度について「死刑を免れようとしている」と批判した。

裁判での心証を良くする狙いもあったとは思うが、直前まで計画の中止を訴えたことは判決文にも残されていることから、いざ実行する段になり、襲撃に前向きではなかったことは事実だろう。

小日向は当時、三度にわたり矢野に対して襲撃中止を訴えている。

①アジトを出て盗難バイクに向かう際
②盗難バイクがなくなっていた際
③ボディガードを見つけた際

スナックに向かう交通手段は、アジトから離れた場所に止めていたバイクまで車で行き、バイクに乗り換えるという、後の捜査の撹乱を狙ったものだった。そのバイクがなくなっていたことから、発覚の恐れがあって、中止を訴えた。①と③については、いずれもボディガードと自分たちが撃ち合いになる危険があることから中止を進言したものだった。

しかし矢野の回答は「後藤は一人で飲んでるから」、「店の中にいるのは三、四人だ」、「みんな後藤の仲間だから」、「ほかの客はいない」、「いるのは仲間だろうから構わない」、「ボディガードとか、店の中にいる奴とか、後藤とかみんな道具持ってるだろうから気を付けろ」、「やんなきゃやられるぞ」、「いいから行け」（いずれの発言も判決文より引用）

実際の状況とはまったく異なるもので、さらに撃ち合いを心配する小日向の不安を煽るような発言もあった。繰り返すが、これは矢野が意図的に間違えたのか、内通者からの情報が間違っていたのか、知るすべはない。

当時の心境について、小日向は法廷でもこう述べている。

「やくざになったことを後悔し、逃げることも考えたが、逃げても身内の組織から殺害されたり、家族に危害が及ぶおそれがあることを考え、矢野の指示に従うことにした」

かつて矢野と反目し、大学病院のＩＣＵにまで乗り込まれて殺害された石塚隆組長のことが頭から離れなかったようだ。小日向は矢野に対して「裏切ったら殺される」という恐れを常に抱えていた。

意を決した小日向は山田とともに、「すなっく加津」に向かった。「突撃　スナック乱射事件」というのは小日向自身がつけた小見出しだ。不安と恐怖を感じながらも逃げることができず、「やるしかない」という当時の思いを「突撃」という言葉に込めたのだろう。

現場見取り図などによると、スナックは、他に居酒屋やクリーニング店、小料理屋が入る一階建て貸店舗の端に入っていた。建物前には駐車場があったが、敷地に隣接する市道に後藤のベンツは路上駐車されていた。

これまで人に向かって拳銃を発砲したことのない小日向だったが、二人の襲撃者を不審に思いベンツから降りてきた後藤のボディガードに「どこ行くんだよ」と声をかけられると、すぐに最初の銃弾を発射した。瞬く間にもう一発発射し、いずれも腹部に命中。このボディガードは搬送先の病院で絶命する。そして、車の中のもう一人のボディガードを威嚇するためさらに二発発砲した。小日向はスナックの外だけで計四発発砲し、山田を追い店内に向かう。

店内は入り口から縦に細長く奥行きのある間取りで、入ってすぐ右手にママがいるカウンターがあり、左手にはレーザーカラオケやソファなどがあった。

小日向が外のボディガードに発砲している間に、先にスナック内に入った山田はすでに拳銃を乱射していた。銃声を聞いていたことから、すでに後藤を仕留めたと思ったという小日向。店内は倒れている人が複数おり、血の海が広がっていただろう。そして小日向も〝反撃されると思い〟四発発砲する。

「私は、入り口から入って左側にあるボックス席で立っていたサングラスをかけている一見ヤクザ風の人にマカロフで二発、店の奥でこっちを向いて立っている人に後藤の仲間だと思い二発発射し、合計八発（スナック外の四発を含めて）射ったと思います。」（手記より）

ヤクザ風の人と書いているが、小日向が撃ったこの二人は一般客だ。サングラスの男性はすい臓断裂などの重傷を負いながらも一命を取り留めたが、店の奥にいたOさんは、小日向が狙った二発のうち一発が胸に的中し、即死した。Oさんがいた場所は、店内の最も奥で、逃げ場所がどこにもなかったことが推察される。

判決では、残された薬莢などからスナック内では小日向と山田が計一二発撃ったと認定されている。内訳は小日向の記憶通り、小日向が四発で山田が残る八発だ。

混乱した現場で誰が撃った弾がどの一般客に当たったのかというのは、争いもあったが、判決では以下のように認定されている。

小日向（店内で四発発砲）
・Oさんに一発（死亡）
・男性客に一発か二発（重傷・すい臓断裂・腎破裂など）
山田（店内で八発発砲）
・Mさんに五発か六発（死亡）
・Sさんに一発（死亡）
・男性客に一発か二発（重傷・すい臓断裂・腎破裂など）

なお、後藤の指に命中した一発は小日向か山田のどちらか、という認定になっている。ここから考えると、店内で四発発砲した小日向の銃弾は少なくとも二発命中していることになる。

このような暴挙に、前橋地裁判決文は「極めて残虐だ」と厳しく指弾している。以下、スナックでの銃乱射についての事実認定された部分を紹介する。

〈被告人（小日向）は、後藤をスナック店内で襲撃する役割の山田の犯行を容易にするため、あえてベンツから目に付きやすい経路を通ってスナックに近付き、ベンツから降りてきたRに、「どこ行くんだよ。」などと声をかけられると、ためらいなく、至近距離から二発の弾丸を発射して丸腰のRを殺害し、スナック店内では、まず山田が至近距離から後藤らを狙って八発の弾丸を発射して、M及びSを殺害したほか、Kを負傷させ、次に、被告人が店内の東側ソファ付近にいたKらを狙って二発の弾丸を発射してKに負傷させたほか、スナックの奥で動いたOを狙って、更に二発の弾丸を発射してその上胸部を撃ち抜き殺害している。この間、後藤も指に銃弾を受けている。このように、被告人は、後藤のボディガードや後藤又はスナックに居合わせた者らを狙って至近距離から合計六発を発射し、二人を殺害し、少なくとも一人を負傷させ、山田も、後藤又はスナックに居合わせた者を狙って至近距離から八発の弾丸を発射し、Mには少なくとも五発もの弾丸を命中させ、Sには頭部に一発を命中させ、この二人を殺害し、Kには被告人と共に多数の弾丸を浴びせ、少なくとも負傷させているのであって、その態様は、強固な確定的殺意に基づく極めて残虐なものである〉

「少なくとも」という言葉が繰り返され混乱した現場での事実認定が容易でなかったことが窺える。山田死刑囚側は、「後藤も模造銃を発砲した」と主張していた。しかし判決文は前述のような認定をし、次のように断罪した。

〈本件犯行により、地球よりも重いとすら言われる人命が、一般市民三人を含め一度に四つも失われ、しかもそのほかに一人がすい臓断裂、腎破裂等の重傷を負い、もう一人も相当の傷害を負っているのであって、その結果はそれ自体極めて重大である〉

四人の被害者

ここで判決文から、四人の被害者の人となりを紹介したい。

Mさんは、昭和二四年一一月生まれの五三歳だった。昭和四八年頃に結婚。〈家庭では無口な夫又は父親として、一男一女を育て上げる一方、職場では真面目な仕事ぶりを評価されており、本件当時は、職場で責任ある地位を務めるとともに、離婚した元妻との関係を考え直そうとしたり、自らの職場の取引先に就職した長男と仕事の話をしたり、会話の少なかった長女の将来を心配したりしていた〉（判決文より）

Sさんは、昭和一一年九月生まれの六六歳。昭和三四年に結婚。〈良き妻又は優しい母親として、一男一女を育て上げ、子供が手を離れた後復職した職場では年長者として職場をまとめたりしていたが、職場を退職した本件当時は、優しい祖母として五人の孫をかわいがるとともに、夫や母親らと共に旅行やカラオケを楽しむ毎日を過ごしていた〉（同）

Oさんは、昭和二七年九月生まれの五〇歳。離婚した元妻との間に二男四女がいたという。〈離婚した後も、調理師をしながら、優しい父親として、四女を除く五人の子供を引き取って育て上げ、本件当時は、自らの手元に引き取った子供らが皆その手を離れたことから、機械工を務めるかたわら、孫をかわいがったり、これから生まれてくる孫の誕生を楽しみにしたり、カラオケをするなどしてその人生を楽しもうとしていた矢先であった〉（同）。さらに店内の最も奥にいたOさんは他の被害者が被弾し、スナック内が血の海になるなか、最後に小日向に撃たれたとみられており〈極度の恐怖を感じる中で前記のように残虐な方法で殺害されたものと思われる〉（同）とも記載されている。

後藤のボディガードで、小日向に撃たれたRさんは、昭和四六年二月生まれの三一歳だった。子供の頃に両親と別れ施設育ちだという。そして後藤組の組員となり、平成一一年に結婚し、二人の娘がいた。

〈後藤組が解散となったことから堅気になろうとしていたほか、自らの経験を顧みて自分の子供には親がいない思いをさせたくないと考え、子供の面倒をよく見ていた子煩悩な父親であった。Rは、後藤が狙われるようになったことから、後藤のボディガードを務めるようになり、本件当時も後藤のボディガードとして現場にいた者であって、この点でMらとは異なるもののRは丸腰で、フルフェースのヘルメットをかぶってスナックに近付こうとする不審な被告人に声をかけただけであって、やはり殺害されなければならない理由はない。また、Rは、被告人に声をかけるや、突如、けん銃を発射され、二人の娘を遺して非業の死を遂げなければならなかったものであって、その無念さも察するに余りある〉（同）

複数の銃弾を受けながらも一命は取り留めたKは、ターゲットだった後藤に誘われてスナックに来ていたという。〈その身体を蜂の巣のように銃撃されながら、九死に一生を得たものであって、加療約六か月間を要する重傷を負ったほか、料理人にとって重要な右手親指が被害前のようには動かないという後遺症まで抱えることになったもので、その被った身体的苦痛及び恐怖等の精神的苦痛は極めて大きい〉（同）

さらに店内にはこのほか、経営者を含め四人の一般市民が居合わせていたという。〈これらの者も、突如、間近でけん銃を多数発射される被害を受け、その生命、身体等の危険にさらされたのであって、それまでそばで談笑していた客らが相次いで射殺されるのを目の当たりにしたその恐怖感等の精神的苦痛は極めて大きい〉（同）

ターゲットだった肝心の後藤は左手中指を銃弾が貫通し、加療約三週間を要する左手中指骨折だった。一発の弾丸を後藤に命中させることに対して、払った代償はあまりにも大きすぎるものだった。

遺族の悲痛な思い

四人の被害者の遺族らは、全員が小日向に極刑を求めた。前橋スナック銃乱射事件は遺族らの人生を一八〇度変えてしまった。判決文には、法廷で吐露された遺族の悲痛な思いも残されていた。

〈Mの長男は、司法解剖を終えて戻ってきた父の姿を見て、最初に頭を撃たれていてほしい、せめてその最期は痛みや苦しみを感じることのないものであってほしいと願うほかなかったと述べている。

また、Sの夫は、Sと共にスナックに行っていた義弟から妻の死について連絡を受けたが、にわかには信じられず、病院で頭に包帯を巻かれている妻を見るとともに即死であったと聞き、妻が痛みや苦しみを感じることなく死んだことを望んだと述べている。このように最愛の父親又は妻のために最後に願ったことが、苦痛の少ない部位を撃たれ、苦痛を感じずに最期を迎えたことであるということ自体、肉親の情として誠に痛ましい限りであると言わなければならない。

Oの長男らは、司法解剖の前には父に対面できず、司法解剖が終わってから、ようやく、棺に入っている唇に血がにじみ目を無理やり閉じさせられた様子の父の姿を見ることができたが、そのときは棺にすがりながら泣くしかなかったと述べている。Oの遺族は、その父親の最期の姿から、父親の激しい苦痛や恐怖を想像せざるを得なかったものであり、その悲しみや怒りが極めて大きくかつ深いものであることは誠にやむを得ないところである。

Oの子ら四人は、その長女が、「小日向の奥さん、子供、これが銃で殺されて死んでしまえばいい、その葬式を小日向がやればいいと思いました。葬式を行うつらさ、自分の愛するものが焼却炉に入っていくつらさ、焼かれて小さくなってしまう骨を見てほしいです、自分の大切な人、愛する人。小日向自身が死んだのでは、それだけでは私たちはもう許せない気持ちです。」、「私たち家族は、この話ばかりです、次の傍聴はどうするとか、このあとの裁判はどうなるんだろうねとか。そんなはずじゃなかったんです。」、「人の人生を狂わせておいて、他人の人生を奪っておいて、あなたに自分の家族、生を望む資格があるんですか、自分の家族のことを考えていいんですか、これから生きたいと願っていいんですか、今生きていていいんですか。私たちの幸せな人生、生活を返してください。お父さんを返してください。私の子供、妹たち弟たちの子供、そのおじいちゃんを返してください。」などと証言したのをはじめ、いずれも公判廷でその悲痛な思いを述べ、被告人につき極刑を求めている。

なお、被告人は、三俣事件（注・前橋スナック銃乱射事件のこと）の後、家族とたびたび旅行に出掛け、これを思い出作りと言っているが、M、S、O、Rらは、家族との思い出づくりの機会すら与えられることなく、突如として非業の死を遂げており、被告人のこれらの犯行後の言動が遺族の心情を傷付けていることも犯情として見逃すことができない〉

遺族らが極刑を求めたのは当然だ。遺族からすれば、どれだけ小日向が反省し、「一般人がいることが分からなかった」「何度も中止を訴えた」と話そうが、それは慰めにもならなかっただろう。

こうして二〇〇五年三月二八日、前橋地裁で久我泰博裁判長は小日向に死刑判決を言い渡した。

第五章 潜伏

——手記⑤

矢野会長にすぐパスポートを作るように言われました。

家に帰って受け取った書類を見てみると、私が知らない「中西利伸（仮名）」という人の「戸籍抄本」「住民票」「印鑑登録証明書とその印鑑」などが入っていました。

現場から上流の川で犯人の遺留品を探す捜査関係者

テレビのニュースや新聞では事件のことで大騒ぎでした。それでも東京に戻ってからは、なるべく普通の生活をしようと思っていました。急にいなくなったりすれば、周辺のものたちから、かえって怪しまれると思ったからです。それに、交通事故から頭痛がひどく、鎖骨も折れたままくっつかないので手術を受けようと思っていたからです。

しかし、何を考えているのか、事件後すぐに井口行動隊長が警視庁の目白警察署に飛び込んで、「群馬の事件は俺がやった」などと言ったのです。どうやら覚せい剤をやっていたようです。

そのためテレビや新聞では、「犯人が出頭した」「犯人は東京を本拠とするK（幸平）一家組員」「もう一人の犯人はどこに」などと、連日出頭した井口行動隊長のことで持ち切りでした。

そのおかげで矢野会長からは、「潜っていろよ」と、どこかに潜伏して外に出るなと命令されました。

それから私の潜伏生活が始まったのです。それにしても、潜伏するための金も一円もくれず全部自腹でした。

「死人に口なし」の恐怖

身の危険も感じました。矢野会長からいきなり電話で人気のない山の中である「埼玉の○○まで来い」と、潜っていろと言われたにもかかわらず、急に呼び出されたりして、そのたびに身の危険を感じるのでした。

また、呼び出されるたびに、「潜伏する金でもよこすのかな!?」などと淡い期待をする半面、身の危険も鋭く感じるのでした。だいたい「潜っていろよ」などと電話でたびたび言うわりに、呼び出しもしょっちゅうで、潜伏していることなどできません。それに何のためにわざわざ呼び出してくるのかもわかりませんでした。

そんなことなど、「電話で十分たりることだろうに」とその都度思うのでした。わざわざ会わなければならない用事があるとすれば、金をくれる位です。電話ですむような話ばかりなので、呼ばれるたびに身の危険を感じるのでした。「死人に口なし」だからです。

私は自分の知らない、でも身元のしっかりした「第三者」の銀行口座とその通帳と印鑑を持っていたので、わざわざ会わずとも金のやりとりをすることもできました。

だから矢野会長にわざわざ呼び出され会わずとも、話なら電話で、金のやりとりなら銀行振込ですませることが可能でした。

それにもかかわらず、「潜っていろ」と言うわりに、しょっちゅう呼び出されるのには、身の危険を感じずにはいられませんでした。

私はしばらく呼び出しには応じられない地方に潜伏することにしました。そこは沖縄です。家族を連れて沖縄に向かいました。沖縄でしばらく過ごしましたが、そういう時にかぎって矢野会長からの呼び出しや連絡はありませんでした。

子供のこともありましたし、一度東京に帰ってみました。それからしばらくして、家族と一緒に車で伊豆半島を一周しました。

また、林ちゃんと林ちゃんの奥さんを連れて、車で鬼怒川の奥にある湯西川に行きました。それから東北方面に向かい、林ちゃんが行きたいという、宮城県にある鳴子温泉に行きました。そこから仙台に入り、ホテルに一泊してから青森に向かいました。青森に着くとデパートの大きな駐車場に車を止めて、こんどは電車で函館へ向かい、湯の川温泉に泊まりました。

この温泉は五十嵐の親分と初めて義理事で旅に出て泊まった温泉でした。泊まったホテルも同じところにしました。とても懐かしいホテルでした。五十嵐の親分がとても懐かしく、涙があふれてきました。五十嵐の親分が生きていてくれたら今回のような事件など起こらなかったでしょう。

函館では夜、函館山に登って百万ドルの夜景を見たり、五稜郭を見たり、トラピスチヌ修道院へ行ったり赤レンガ倉庫へ行ったり、寿司を食べたり、ひととおり観光しましたが、気分は一向に晴れませんでした。

　赤レンガ倉庫では、「このまま冬の海へ飛び込めば楽になるかなあ」などと考えたり、夜の雪のつもった函館の町を見て、「このまま雪の中で寝てしまえば楽かなあ」などと考えたりで、気は滅入るばかりで、一向に晴れませんでした。

「スナックの事件に巻き込まれた関係のない人にも家族がいるんだろうなあ」とか、「それなのに自分は家族と一緒にいられて悪いなあ、申し訳ないなあ」などと考えていました。

　翌日、朝市で食事をとり、また電車で青森へ戻り、車で帰りました。帰りは一気に関東に入りました。子供のこともあるので一旦家へ帰りました。その間、矢野会長からは電話の一本も入りませんでした。

　それからは、林ちゃんの家の近くのビジネスホテルを転々としていました。林ちゃんの家は、埼玉県と茨城県の境にあり、潜伏するのに都合がよい所でした。しかしその間、旅から帰るのを待っていたかのように、矢野会長からの呼び出しが数回ありました。

　身の危険を鋭く感じましたが、言うことを聞かなければ、石塚組長の二の舞になると思い、呼び出しに応じるしかありませんでした。金をくれるわけでもなく、同じような話ばかりで、わざわざ呼び出さずとも、電話ですむ話ばかりでした。

　言うことを聞くのかどうか、試しているのかもしれませんでした。

矢野会長に会った時に、「表にいるボディガードだけにすればよかったな」とか「中にいるやつみんなやれとか言わなければよかったな」などと言われました。みんな仲間じゃないとわかっていたのです。カタギはいない、みんな仲間だと嘘をついたのです。そうじゃないと動かないと思って嘘をついていたのです。

私はこの事件がこれだけ大きくなってしまったので、矢野会長がこのようなことを言ってきたのではないかと思いました。矢野会長も後悔しているようでした。そして私は言い返してはいませんが、「だからあれだけ中止にしようと言っただろうが!!」などと心の中で強く思い、矢野会長を軽べつしました。

しかし何を言った所で「後悔先に立たず」で、すべてあとの祭りです。

その後も何度か矢野会長から呼び出しがありましたが、あいかわらず身の危険を感じるような場所に呼び出され、同じような話ばかりでした。

その後、井口行動隊長の供述から、川に捨てたけん銃とヘルメットがみつかり、井口行動隊長の言っていることは狂言ではなく、本当なのだと警察もわかったようでした。

私も、関係のない人を巻き込んでしまった罪悪感から、毎日のように、「出頭しようか、出頭すべきだ」と何度も思いましたが、家族が組織に狙われることが心配でどうすることもできませんでした。

こんな生活がいつまでつづくのかと思うと、とても気が滅入りました。

偽造パスポート

そんなある日、平成一五年三月ごろだったと思いますが、例のごとく矢野会長から呼び出されて、「しばらく体《たい》をかわしていろ」（体をどこかに隠していろ）「フィリピンにでも行っていろ」「ひげも伸ばせ」と、言われました。

後でわかったことですが、矢野会長は、「すべて（の事件は）事務局長の大岩が言い出したことだ」と、大岩さんに背負わせるつもりだったようです。このことがわかった時、大岩さんは殺されているなと思いました。

こうして矢野会長からフィリピン行きを命じられました。私は大分昔にフィリピンに観光で行ったことがあるだけで、不安が強かったですし、家族とも別れたくなかったので正直なところ、行きたいとは思いませんでした。しかし、矢野会長の言うことに従いました。

ところで私は自分のパスポートを持っていたので、そのパスポートで韓国や中国そしてフィリピンに観光で行ったことがありましたが、その後フィリピンはアメリカの影響を強く受けているようで、当時は日本のヤクザの入国に、厳しく目を光らせているということを聞いており、実際にヤクザ者が入国しようとしても拒否され、日本に強制送還されたという話を聞いたこともありました。

私は自分がヤクザとして登録されているはずだと思いましたので、その情報がフィリピンにも提供されているのではないかと思いました。

万一、それで私がフィリピンへの入国を拒否されて、強制送還になった場合には、矢野会長に迷惑をかけ、申し訳が立たないことになると思いました。

それで私は矢野会長に、「フィリピンではヤクザ者の入国が厳しいので、私のパスポートでは、まずいんじゃないでしょうか?」ということを言いました。

それに対して矢野会長は、「書類はこっちで用意してやる」と言っていました。

つまり偽造パスポートを作れということでした。それで、パスポートの名義を借りる他人の書類を、矢野会長の方で用意してくれるのだと思いました。

私はパスポートや、車の免許証を偽造する方法を以前から聞いて知っていましたが、実際に作ってみたのは今回が初めてでした。

その聞いていた方法とは、自分と同年代の他人に協力してもらって、その人の戸籍抄本、住民票、印鑑登録証明書とその印鑑、保険証などを調達し、パスポートセンターに行ってパスポートの申請書に自分の顔写真や、収入印紙を貼って、その他人の住所、氏名、生年月日などを書いて提出し、その後パスポートセンターからその他人の住所に送られてくるパスポート引き換えハガキを手に入れ、それを持ってパスポートセンターに行って、そのハガキと引き換えにパスポートを受け取るという方法です。注意しなければならないのは、その他人の住所や氏名などを間違いなく書くということと、引き換えの時係員から確認されるので、その他人の本籍、住所、生年月日、干支、星座などを覚えておくことでした。

それから何日かたったころ、矢野会長から書類の準備ができたという連絡を受けました。そして東京都豊島区池袋にある、阿部クリニック（仮名）の駐車場で細長い茶封筒みたいなものに入った、偽造パスポートを作るために必要な名義を借りる人の書類を受け取りました。

矢野会長にすぐパスポートを作るように言われました。家に帰って受け取った書類を見てみると、私が知らない「中西利伸（仮名）」という人の「戸籍抄本」「住民票」「印鑑登録証明書とその印鑑」などが入っていました。

生年月日は、「昭和四二年三月二五日」と現在でも覚えています。本籍は世田谷区、住所は中央区銀座、あとは忘れてしまいました。

私はそれらの書類を持って、以前にパスポートを取りに行ったことがある東京都豊島区東池袋にあるサンシャインシティワールドインポートマートビル五階のパスポートセンターに行きました。パスポートセンターのカウンターに置いてあった申請書を取り、矢野会長から受け取った書類に書いてあった内容を思い出しながら、間違えないように注意して自分で、氏名欄に中西利伸、生年月日、現住所――などを書きました。

それから一度パスポートセンターを出て、となりにある写真屋に行ってパスポートに貼る自分の顔写真を撮ってもらいました。写真が出来上がるのを待っている間に、パスポートの申請に必要な、一万三千円分の収入印紙と二千円分の収入印紙を買い、申請書に貼りました。

それから出来上がった自分の顔写真を受け取り、パスポートセンターに戻りました。そして先ほど必要事項を書いたパスポートの申請書に撮ったばかりの自分の顔写真を貼り付けて申請書を完成させて、矢野会長から受け取った中西の「戸籍抄本」「住民票」「印鑑登録証明書」などを一緒に窓口の職員に提出して、パスポートの申請をしました。

そして、パスポートの引き換えハガキが何日かして中西の住所に郵送されてきて、矢野会長から連絡をうけて、池袋のAクリニックで待ち合わせて、ハガキを受け取りました。

それから私はパスポートの受け取りに指定された三月二七日に、その引き換えハガキを持ってパスポートセンターに行き、受付の職員に提出しました。

すると職員から、「中西さん生年月日をお願いします」と、確認の質問を受けましたが、あらかじめ覚えていたので、「昭和四二年三月二五日です」と言ったところ、その職員は「私の顔写真が貼ってある中西利伸名義のパスポート」を渡してくれました。

昔はもっと本籍や干支など色々聞かれたと思ったのですが、あまりに簡単に渡されたので拍子抜けしました。私はさっそくパスポートを受け取ってからすぐ、矢野会長に電話でそのことを報告しました。その時、矢野会長から「フィリピンには（平成一五年）四月八日に行け」「飛行機はＪＡＬの八便だ」「お前の面倒については、頼んである」「マニラ空港に行けばわかる」と言われ、細かく指示されました。

それから私は、四月六日頃、自分で東京都練馬区光が丘の旅行代理店に行って、四月八日成田発マニラ行きと、四月二八日マニラ発成田行きの往復チケットを買いました。マニラ行きの便のチケットが取れたと報告をすると、池袋のＡクリニックに呼び出され、私の手元に残っていた中西名義の保険証などを返して、引き換えに現金二〇〇万円の入った封筒を手渡され、「もう二度と帰ってくるなよ」と矢野会長に言われました。

私は、「たったの二〇〇万でお払い箱かよ」と、とても不満でした。「見知らぬ国で、たったの二〇〇万で一人で一生暮らせというのかよ」と、腹立たしくなりました。「もう二度と帰ってくるなよ」とはあまりにもひどい言葉でした。残された私の家族はどうやって暮らしていけばいいのだろうか。組織は面倒を見てくれない。

私はこのまま群馬県警に飛び込んでやろうか……と何度も思いましたが、家族を危険にさらすことを考えると、それもできませんでした。あれだけの事件をおこさせておいて、一円もよこさず、やっと渡した金がたったの二〇〇万で、「もう二度と帰ってくるなよ」というのはあまりにもひどい仕打ちでした。

フィリピンへ逃亡

誰も見送りに来てくれるはずもなく、ただ一人、女房だけが見送ってくれました。そして朝早く池袋のホテルから出発するリムジンバスに乗り込み、成田空港に一人で向かいました。空港で搭乗手続きをすませ、本屋でフィリピンの言葉のタガログ語の辞典を買いました。そしてドキドキしながら中西名義の私の顔写真が貼られたパスポートで、無事出国手続きもすませ、フィリピンに向け出発したのでした。

昼過ぎ、マニラのニノイアキノインターナショナルエアポートに着き、フィリピンの入国管理局にも中西名義のパスポートを見せて無事入国することができました。荷物を受け取り、ゲートを出た所でフィリピンの空港職員のような人が、四〇センチ四方位の大きさの段ボール紙片に黒マジックで、「Mr. NAKANISHI」と書いたものを掲げて立っているのを見つけました。

私のことを迎えに来た人間だと思い、その男に近づいて行って、自分の胸に親指を当てて、「MY NAME IS NAKANISHI」と言いました。するとその男は私をエスコートするように空港の出口に歩き始めました。私はその男のあとをついていきました。すると建物の外に、三人が待っていました。

一人は四〇代半ば位で、身長一七〇センチほどで髪の毛がふわっとして真ん中で分けた色白の男。その横にいたのは、二五歳くらいで身長一六五センチほどで髪がストレートで肩まであり、細身で顔の色が浅黒くTシャツにジーパン姿のフィリピン人らしい女性。そしてその女性から少し下がった所に、二〇代前半で身長一五五センチ位で髪の毛がストレートで肩まであり、目が大きくTシャツに短パン姿のフィリピン人らしい女性の計三人が立っていました。

そして、その男の人は私に「岡田（仮名）です」と名乗りました。私は、この人が矢野会長の言っていた、フィリピンでの私の面倒を頼んでくれた人だと思い、「中西です」と言って挨拶しました。

そして岡田さんは、横にいたTシャツにジーパン姿の女性を「妻のジョビー（仮名）です」と言って紹介し、それから続けてもう一人のTシャツに短パン姿の女性を、「ビビ（仮名）という名前で、あなたがフィリピンにいる間、あなたの身の周りのことをしてくれるメイドです」「月に三千ペソ払ってやってください」と言って私に紹介してくれました。

ビビは以前に日本にタレントとして来て東京で働いたことがあったらしく、そのため片言だけど、少し日本語が話せるとのことでした。

それから岡田さん、ジョビー、ビビ、私の四人で、ジョビーの運転する車でマニラから小一時間ほど走ったところにある、シーフードレストランに行って食事をしました。それから、マニラから少し離れたケソンシティのトーマスモラトという所にある、一七階建て位の高層マンションに連れて行かれました。

そしてこのマンションの一一階でエレベーターを下りて、その奥の一室に入りました。部屋は2ＳＬＤＫで、ベッド、テレビ、冷蔵庫やグリルレンジ、各部屋にエアコンや、リビングにはソファーやテーブルなど、洗濯機以外はすべて揃っていました。そして岡田さんは私に「この部屋を自由に使っていいから」「しばらくここにいなさい」と言って、この部屋のカギを渡してくれました。

そしてその日の夜、岡田さんから飲みに行こうと誘われ、ケソンシティ内にある、「カホツ」という名のクラブへ連れて行ってもらいました。そこは、部屋の一室に女の子が待っていて、客が気に入ったらその女の子を指名して相手をしてもらうというシステムでした。その店でしばらく酒を飲んでから、次も岡田さんの案内で、近くのレストランで岡田さんの奥さんのジョビーやビビをまじえて四人で食事をしました。

その後私は岡田さん夫妻と別れ、ビビと二人で自分のマンションにタクシーで帰りました。翌朝、岡田さんがジョビーと一緒にマンションの部屋を訪れて、「私は日本に帰るから、何かあったらジョビーに電話して下さい」ということを私に伝え、ジョビーの携帯電話の番号がインプットされた携帯電話をくれました。何かあったら、ジョビーに電話すれば岡田さんに連絡してくれるとのことでした。

そして私は岡田さんに礼を言い、別れたのでした。それからその日に、ビビにマンションの近くに連れて行かれ、フィリピン人の男に引き合わされました。

その男は、三〇代半ば位で身長は一七〇センチ弱位あり、ビビから「マイク・オーガスティン・エンリゲス（仮名）」という名の人で、「フィリピン人のタレントのプロモーターをしている人」と紹介されました。

ビビは、このマイクのことを「クヤ」と呼んでいました。タガログ語で、年上の男性を呼ぶ時に、「兄さん」という意味でそう呼ぶらしいです。

つまりは、「クヤマイク」は、「マイク兄さん」という意味のようでした。

私も以後、マイクのことをクヤと呼んでいました。こうしてマイクとの顔合わせもすんだのでした。ビビにはそれ以後、マンションのエアコン付きの部屋をあたえ、住み込みでメイドの仕事をしてもらい、約束通り、月々三千ペソ（当時の日本円で約六千円〜七千円位）を渡していました。家賃は岡田さんからいらないと言われていたので私は払っておらず、電気と水道代位しか払っていませんでした。

幽霊を見る

フィリピン滞在中は、マンションの部屋でビールを飲んで、なんとしゃべっているのかわからないテレビを見たり、外食したり、自分で食事を作ったり、ビビに作ってもらったりしていました。

また、マイクの義理の妹のリカ（仮名）の案内で、ミンダナオ島の「ブトワン」という所に連れて行ってもらったり、マイクとリカ、ビビ、マイクの従業員のエドイン（仮名）と私で、セブ島に行ったりして気晴らししたりしていました。

しかし、いつでも、どんな時でも、私は人を殺してしまったんだ、私は逃亡者なんだ、と事件のことが頭をよぎり、心が晴れることは、ありませんでした。

ある日、マンションのソファーに寝転がってテレビを見ていると、幽霊を見ました。四日つづけて。初日は片方の足の部分だけが空間からはえており、二日目は、カベから青いシャツを着た男が腰から上半身だけ出てきて、こっちを見ていました。三日目は左腕だけが空間からはえていました。

私はソファーで寝転がっているのが悪いと思い、四日目はベッドで寝ましたが、寝返りをうったところ、ベッドの上に両手をついて手の上に顎を乗せた状態でこっちを見ている女の顔が目の前にありました。思わず「ウオッ」と叫び声をあげてしまいました。

さすがに四日目は強烈だったので気持ち悪くなり、ビビに相談すると、フィリピンでは幽霊のことを、「モーモー」と呼んでいて、見る人は多いらしいのです。祈とう師にたのんで霊を取りはらってもらえばいいとのことで、「本当かよ!?」と、半信半疑ながら、さっそく、ビビを通して、祈とう師をたのんでみました。

祈とう師は、すぐに来てくれましたが、どこにでもいる、普通の人と同じ格好をしており、何か特別の格好をしているわけでもなく、この人は教会の建物の設計をしている人だという話でした。あとから高い金を要求してくるんじゃないだろうかと心配でしたが、藁にもすがる思いで頼んでみました。

まず、祈とう師はローソクを三本たてて火をつけ、私に「上半身裸になって背をこっちに向けろ」と言ってきました。

私は言われた通りにすると、背中にココナッツオイルをすりこみ、マッサージを始めました。結構長い時間、背中にオイルをすりこみ、一ペソコインを出せと言ってきました。私は言われた通りポケットから一ペソを取り出して手渡しました。

そしてその一ペソで背中をすりこみ、これで終わりのようでした。祈とう師は「この一ペソはもらっていく」と言いました。霊を閉じ込めたからだそうです。私は祈とう料金はいくらかたずねると、「いらない」と言って、私に首から下げるお守りをくれました。「このお守りを肌身はなさず持っていなさい」と言われました。

しっかりした作りの神様の絵が描いてあるお守りでした。中に何か入っているようでしたが、しっかり縫いつけられて、見えないようになっていました。糸も強くて、首から下げても、ちょっとやそっとでは切れないような丈夫な糸でした。私は、丁寧に御礼を言い、祈とう師は帰っていきました。

その日をさかいにピタリと幽霊は出なくなりました。不思議な思いをしました。それから私はスナックの事件で亡くなった方々の霊が出たのだと思い、フィリピンでは教会へ行き祈りをささげました。

しかし、またいつ出るかもしれないと、気味の悪い思いをしました。また、幽霊ならまだしも、矢野会長がはなったヒットマンがいつか来るかもわからないので油断できませんでした。心の安まる日はありませんでした。

帰国

フィリピンに来たのは四月八日でしたが、四月二八日にビザが切れるので、ビビに三千ペソと小遣いを握らせて実家に帰し、マンションのカギを持って、タクシーでニノイアキノインターナショナルエアポートから、ＪＡＬの飛行機で一度日本に戻りました。矢野会長には連絡しませんでした。

成田空港の到着ロビーにあった旅行会社の窓口で、ナショナルホテル（仮名）のシングルを取り、バスで向かいチェックインしました。翌日は、女房と子供をこのホテルに呼びました。亡くなられた方々とそのご遺族に申し訳ないと心を針でチクチク刺される思いでしたが、久しぶりに家族と顔をあわせることができました。

そして四月三〇日、以前家族で遊びに行ったことがある、千葉県の幕張にあるショッピングセンターの中に旅行代理店があることを知っていたので、女房の運転する車でそのショッピングセンターに行き、その旅行代理店で「五月一日成田発マニラ行き」の今度は「フィリピン航空」の往復チケットを予約しました。

その同じ旅行代理店では、「六月一〇日成田発マニラ行き」と、「六月二九日マニラ発成田行き」のフィリピン航空の往復チケットも予約し、六月三〇日には「七月二日成田発マニラ行き」と、「七月二〇日マニラ発成田行き」のフィリピン航空の往復チケットを予約しました。

私はフィリピンに渡り、何度も帰国しています。これは私が子供たちや女房に会いたかったので自分の意思でしたことで、矢野会長には一切連絡していませんでした。

連絡した所で「二度と帰ってくるなと言っただろう」と怒られるだけだと思ったからです。だから、日本に帰国した時はナショナルホテルに宿泊し、女房や子供たちを呼び寄せて一緒に過ごしました。

今回の事件で、私が手にかけた方にも家族がいて、同じように家族に会いたかっただろうということと、そのご遺族の皆さんも亡くなられた方に会いたいだろうということを考えると、こうして私が自分の家族と過ごしていることが、とても申し訳なく思えてきて、罪悪感に心が痛み、何度も出頭しようかと思いました。

しかしそうすると、家族の身が危険になるので、どうしていいのかわからなくなってしまうのでした。

何度も日本とフィリピンを行き来していたので私の所持金も少なくなり、七月の帰国の航空券は使わずにマイクに私の代理人になってもらい、ビザの延長を頼みました。マイクにはその都度、手数料、足代として一万ペソを渡し、フィリピンの入管に行ってもらってビザの延長手続きを何度かしてもらいました。

マイクは私に、フィリピンの入管に対して「中西はフィリピンで仕事をしている」と説明すると言っていました。

それで一〇月三〇日までビザが延長されていたのです。そんなことをしていた八月中旬ころ、岡田さんから、前もって渡されていた私の携帯電話に連絡が入り、「元気でやっていますか?」などと聞かれました。岡田さんはフィリピンにいることがわかり、町なかのハンバーガーショップみたいな店で岡田さんと待ち合わせをしました。

その時私は、前々からヒットマンのことを気にしながら我慢してマンションに住んでいましたが、その機会に思いきって相談しようと思い、「幽霊が出るから部屋を替わりたい」と、岡田さんに言いました。

岡田さんは笑いながら部屋を替わることを承知してくれ、ベッドやテレビ、冷蔵庫などの家財道具をすべて持っていくことも承知してくれました。岡田さんには引っ越し先は教えませんでした。

「これでヒットマンに狙われる思いから少しは解放される」と少しホッとしました。部屋のカギについては、マンションのガードマンに預けるように言われました。

それから私はマイクに部屋を探してもらい、九月頃から借りました。ちょうどマイクのマンションの隣の部屋が空いていたのです。ガードマンもいるし、ヒットマンも手を出しづらいだろうと、万一のことにも少しは安心でした。

名義はマイクの奥さんの名前で借りました。家賃の一万五千ペソや光熱費は、私が払っていました。そして一〇月二九日頃、マイクに三回目のビザの延長の手続きに行ってもらったのだけど、マイクが「ダメだった」と言って帰ってきたので、なぜだろうと思いました。

マイクが、「明日もう一度行ってみる」と言ったので、任せることにしました。

解説　なぜフィリピンへ逃げたのか？

「潜っていろ」

二〇〇三年一月二五日、前橋市内のスナックで拳銃を乱射し、共犯者とともに一般人三人を含む四人の命を奪った小日向。所属していた組の親分である矢野にこう言われたことで、潜伏生活が始まった。潜伏や逃亡生活というと、地方の漫画喫茶などを点々としたり、ほとんど人のいない離島に行ったり……といったイメージをもつ。しかし、小日向は全国各地の観光地に家族と一緒に行くなど、普通の生活を送っていたようだ。

矢野は小日向を「たいした用事が無いのに」（手記より）時折、直接呼び出したという。小日向が裏切って自首をしないか確認をしていたのだろうか。毎回、特に会って話すべき内容がなかったことが小日向にとっては無言の圧力を感じる恐怖だったようだ。

家族との遠出は、矢野に「すぐに来い」と言われても応じることができないようにするため、という意味合いもあったという。手記によると、沖縄のほか、伊豆半島を一周したり、友人も交えて東北や北海道・函館にも行ったりしていたようだ。

すでに記したように、これらの家族との旅行は、後に法廷で被害者の遺族の大きな反感を買う。「『スナックの事件に巻き込まれた関係のない人にも家族がいるんだろうなあ』とか、『それなのに自

分は家族と一緒にいられて悪いなあ、申し訳ないなあ』などと考えていました」（手記より）
こうも書き、あくまで被害者遺族のことは考えていたという小日向だが、遺族が受け入れることは到底できないだろう。

暴力団と繫がるブローカーの存在

矢野に命じられて、小日向は組織が準備した偽造パスポートを使いフィリピンに行くことになる。ヤクザにとってはパスポートをでっちあげるくらい容易だったようだ。別人の名前と戸籍を使い、小日向の顔写真入りのパスポートを作った行為も後に犯罪として罪に問われた。

手記には当たり前のようにさらっと書かれているが、小日向は別人名義の銀行口座で自由に使えるものを持っていたという。二〇二三年現在、元ヤクザや闇バイトに堕ちた若者が、過去の犯罪により銀行口座を作れないことで、就業できずに更生が阻害されている、といった取材をしたことがあるが、わずか二〇年前のヤクザはそんな悩みなどなかったのだろう。

さて、フィリピンは、犯罪者にはおなじみの国だ。最近ではルフィ事件で注目を集めた。入管の収容施設から、闇バイトに応募してきた若者らに指示を出し、詐欺や強盗を繰り返した日本人犯罪集団。携帯電話も所有し、何不自由ない状況で、被害金額は累計六〇億円を超えるとみられている。

同国には日本で罪を犯した逃亡者も多い。近年でも、積水ハウスの土地をめぐる地面師事件の主犯格や、漫画村事件の元運営者がフィリピンに逃げた。関東連合の元リーダーで殺人容疑で指名手配されている見立真一もフィリピンに潜伏していたとされる。古くからフィリピンで逃亡生活を送っていた日本人犯罪者は枚挙にいとまがない。

フィリピンが逃亡先として選ばれる理由はさまざまあろう。海外にさえ逃亡すれば、日本の主権は及ばず、警察に逮捕されることはない。当事国に日本が依頼することになるが、日本が犯罪者引渡条約を結んでいる国はアメリカと韓国のみ。他の国では、基本的にその国の判断となる。

フィリピンは比較的、日本からの距離が近く、物価も安い。英語も通じ、言語の壁も低い。そして何よりも、ルフィ事件の容疑者らが悪用したように賄賂文化がはびこっているということだ。外交レベルで両国高官が情報交換していても、現場の公務員らを買収してしまえば、なんとでもなるのだろう。また、フィリピンパブに代表されるように出稼ぎで日本に来るフィリピン人も多く、そこで面倒を見て、後に支援を受けるといったケースもあるようだ。

警視庁の元マル暴刑事、櫻井裕一氏もこう解説する。

「フィリピンやタイには昔から暴力団と繋がるブローカーがいます。彼らは金さえもらえば何でもやる。別の事業を行っているケースもありますが、日本のヤクザから『面倒を見てくれ』と人を送り込まれたら、そのようにして金を受け取ります。現地の人間も使いますが、現地の人は面倒を見ている人が何をした人なのかまったく知らないでしょうから、何の悪気もないのでしょう。小日向もまさにそのケースにあたると考えています。

そしてフィリピンは身分確認が非常に緩い。金さえ払えばパスポートの確認すらしないことも多々あります」

「もう二度と帰ってくるなよ」という言葉とともに矢野から二〇〇万円を渡され、フィリピンに向かった小日向。得体の知れない日本人ブローカーや現地のフィリピン人との交流が手記には描かれているが、その生活は安寧からはほど遠いものだった。

幽霊を見たというエピソードは一見、突飛に感じるが、四人もの命を奪った人間が置かれる心理として興味深い。日本にいた頃は、今ほどインターネットが発達していなかったとはいえ、新聞やテレビで連日、自らが起こした事件の報道を見ていただろう。フィリピンに向かってもその呪縛からは逃れられなかったようだ。

「ある日、マンションのソファーに寝転がってテレビを見ていると、幽霊を見ました。四日つづけて。初日は片方の足の部分だけが空間からはえており、二日目は、カベから青いシャツを着た男が腰から上半身だけ出てきて、こっちを見ていました。三日目は左腕だけが空間からはえていました。

私はソファーで寝転がっているのが悪いと思い、四日目はベッドで寝ましたが、寝返りをうったところ、ベッドの上に両手をついて手の上に顎を乗せた状態でこっちを見ている女の顔が目の前にありました。思わず『ウオッ』と叫び声をあげてしまいました」(手記より)

かなりの恐怖体験だったというが、それ以上に恐れていたのが、矢野からヒットマンが送られてくるのではないかということだ。櫻井氏は「東南アジアで消されるヤクザ者は、ニュースにならないだけで非常に多いんですよ。小日向が恐れる理由もよく分かります。まして相手はあの矢野ですからね……」。

小日向がヒットマンを恐れていたということは「こんな所で死にたくない」と思っていたことになる。

第六章

逮捕

――手記⑥

そして、ここで私を迎えに日本からやってきた警視庁の沢端主任（仮名）と会いました。

沢端主任は、「一緒に日本に帰ろう」と言ってくれました。

私は、とうとう「年貢の納めどき」が来たなと思いました。

矢野睦会を家宅捜索する警視庁の捜査員

一〇月三〇日（注・ビザ延長が許可されなかった翌日）の朝、私が部屋で寝ていると、ドアをぶち壊して入国管理局の職員が二人踏み込んできて、私にけん銃を向けて、「ハンズアップ（手を上げろ）！」と大声で怒鳴ってきました。

フィリピンではこういう場合、逃げようとしたり少しでも変な動きをしたりすると、かまわず撃ってくるので、言われた通りに両手を上げました。二人のうち一人はずっとけん銃の銃口の狙いを私に定めており、もう一人がバッチではなくけん銃を見せながら（ちなみに銃はブローニングでした）「イミグレーション（入国管理局）！」と言ってきました。

そして私の両腕を壁につけさせて片腕に手錠をかけ、その腕をうしろに回し、もう片方の腕もつかんでうしろに回して手錠をかけました。

その間、何の容疑で逮捕するだとか、説明は一切ありませんでした。着替えもさせず、荷物も何も持たせず、むりやり外に引きずり出されました。外には自動小銃やショットガンを構えた警察官がおり、物々しい厳重な警戒態勢がしかれていました。

ただの入管の手入れにしては、あまりにも物々しいのでおかしいなあと思っていたら、「ICPO、インターポール国際刑事警察機構」の手配になっていたのでした。「日本で誰かうたった（警察に話した）やつがいる」と直感しました。しかし逮捕された今となってはどうでもいいことでした。

入国管理局の留置所はひどい所で、壁も床もコンクリートの打ちっぱなしのろう屋で、一部屋しかなく、先客が六〜七人おり、パッと見では暗くてよく見えないのですが、おそらく韓国人か中国人のアジア系の人がいて、どこの国かはよくわからない黒人が一人いました。誰も何も話さないのでよくわかりませんでしたが、面会や差し入れは自由のようで、女性が一人面会に来て、キムチを差し入れて行ったので、その留置所内の人は韓国人だろうと思いました。

みんな布団のようなものを敷いていましたが、私には何もありませんでした。コンクリートむきだしなのでケツが痛くなってくるのですが、どうにもなりません。

見かねた黒人が、ここでは「ママ」と呼ばれているおばさんを、ろう屋のカギを「カンカン」と鳴らして呼び、ちょっとすると、ママが出てきました。

黒人が、「(私に)布団と枕を用意してやってくれ」と言い、しばらくするとママが、洗濯もろくにしていない使いまわしの汚い布団とは呼べない敷物を一枚と、枕を持ってきました。一目でダニの住み家だと思うような敷物と枕でした。

そしてママが「一〇〇ペソよこせ」(約二〇〇円)と言ってきました。私は何も持たずに逮捕されて、一ペソも持っていなかったので、「ワラ(無い)」と答えると、「じゃあだめだ」と言って敷物と枕を持って行ってしまいました。

まあ、あったとしてもダニの住み家のような臭い敷物などなくてよかったと思いましたが、たった一〇〇ペソの金も払えない自分が情けなく、とても悔しかったです。

そしてまた黒人がカギを「カンカン」と鳴らすと、ママが来て「マコリットナイカウ（しつこいねあなた）」と不機嫌そうでした。

私はそのママの不機嫌そうな顔と、黒人とのやりとりを聞いていて、思わずふき出しそうになりました。黒人が、「コーヒーをいれてくれ」とたのむと、ママは、「五〇ペソよこせ」（約一〇〇円）と言っていました。黒人が五〇ペソ渡すともどって行きました。

少しすると、白い皿にコーヒーを入れたコーヒーカップをのせて持って来ました。どうやら敷物やコーヒーなど、ろう屋に入れられている者たちの世話をして、金をとるのがママの小遣い稼ぎのようでした。

「地獄の沙汰も金次第」とは、このことかと思いました。ひどいもので昼食、夕食はありませんでした。電気も付いていないので、外が暗くなればもう、寝るしかありませんでしたが、ろう屋が外にあるので夜になると蚊がウハウハうるさくたかってきて、また、コンクリートの上でそのまま横になっているので、体が痛くてなかなか寝つけないのでした。

まんじりともしないで朝を迎えると、体中蚊に刺されてかゆく、コンクリートの上で横になっていたので、体も痛みました。時間はわかりませんが、しばらくすると朝飯の時間のようでした。

　ここでまたびっくり!!　朝メシと言っても汚い洗面器に米のメシが山盛りになっているだけでオカズは無し。朝飯も食わずにいようと思っていたら、韓国人がキムチを食えと勧めてくれました。ここで断るのもせっかくの好意を無にするようで失礼かと思い、ひとくれだけいただいて、「もっと食え」と勧めてくれましたが、「サラマポ」（ありがとうございます）と、タガログ語で厚く御礼を言い、辞退しました。

「武士は食わねど高ようじ」

　ここで勧められるがまま、バクバク食えば、日本男児の名がすたると思い、ごちそう様をして前日の朝、昼、夕食につづき、朝食もぬきにしました。これで前日の朝から丸一日何も食べていないことになりますが、がまんがまん。そして、このあと私はどうなるのか、荷物はどうなるのかなどと考えていました。

最後の面会

　そんなことを考えていて、しばらくするとビビが面会に来てくれました。ビビには世話になったので、何かしてあげたく思い、「アコ（私）のベッドルームの枕元にあるライトスタンドの置かれた小さなテーブルの上にある手のひらサイズのメモ帳に、一〇〇ドル札と二〇〇ペソ札二枚がはさんであるから、それをビビに全部あげるから帰ったら部屋に入ってメモ帳をさがしてごらん」と言いました。

ビビはとても喜んでいました。そしてビビの話によると、マイクが私の旅行カバンをバールでこじ開けて、中に入っていたお金を全部持って行った、とのことでした。中には日本円で四〇万円入っていました。どおりで面会に来ないはずだと思いました。

マイクには私の車、日本円で六〇万円相当する車をあずけてありました。合計日本円で一〇〇万円を盗られたことになります。頭にきましたが、ろう屋の中ではどうにもなりません。

しばらくするとマイクの息子のマイソン（仮名）が面会に来ました。その時マイソンに、「お前のダディーはオレのカバンを壊して中に入っていた金を盗んでいったドロボーだ!!」と、言ってやろうかと思いましたが、この息子はそんなことはまったく知らずに、ただ純粋な気持ちで、私を心配して来てくれたんだと思うと、何も言うことはできませんでした。

涙を流しながら、自分のギターをひく時につかう、ピックを手わたしてきました。「ボクのことを忘れないでね、ボクも中西さんを忘れないから……」と涙ながらに言ってきました。

私は、「ありがとうマイソン、絶対に忘れないよ」と言い、ピックをもらい、握手しました。盗られた車や金のことはもう言うまいと決めました。一〇〇万円のピックです。

マイソンはバンドを組んでいて、その中のリーダー的存在でした。そのバンド仲間の子たちは私のマンションに必ず誰かしら泊まっていて、たまり場的な場所になっていました。

おなかが空けば、いつでもごはんが炊けていて、冷蔵庫には、食べ物が入っていて自由に食べることができたし、シャワーもあれば冷房の効いた部屋のベッドでいつまでも好きに寝ることができたし、タバコも酒も飲み放題。こんなに自由な場所は、自宅にも無いのでしょう。

そんな中、マイソンも毎日のように顔を出していました。いわば家族のようなものでした。私が外に出れば必ずバンドのメンバーが、ボディガードのように付き添ってきて、危ない場所では、お金の支払いや、チップなど、ぼったくられないように代わりに注意を払ってくれていました。

そんな仲間が誰も来ず、いつも泊まらず自分の家に帰っていた子とマイソンだけが、別れを惜しんで会いに来てくれたのでした。もしかしたら他のメンバーは、マイクが私の旅行カバンを壊して中の金を盗んだ所を見てしまい、会いに来たくても来れない立場になったのかもしれない……とも思いました。それとも単に会いに来る足代がなかったのか……。

色々と考えましたが答えは出ず、わからないことをいつまでも考えてもしょうがないと諦め、忘れることにしました。マイソン達と固い握手をして別れ、しばらくすると私は外に出されました。そしてイミグレーションの一階で自分の荷物を確認しました。その荷物は、旅行カバンがこじあけられ、鍵が壊され中が物色された跡があり、警察のキープアウトと書かれた黄色いテープでぐるぐる巻きにされていました。ぐるぐる巻きにされていたテープを取り除き、中を見ましたが、やはり金はなくなっていました。

日本からのお迎え

そして、ここで私を迎えに日本からやってきた警視庁の沢端主任（仮名）と会いました。沢端主任は、「一緒に日本に帰ろう」と言ってくれました。私は、とうとう「年貢の納めどき」が来たなと思いました。「これでやっと日本に帰れる」と少しほっとした自分がいるのでした。

私がインターポールの手配になっていて、イミグレーションによって逮捕されたことはフィリピン国内でも大きなニュースになっているようで、空港内で、一般の人が入ることが許されていない場所のはずなのに、テレビカメラを持った人間が入り込んでいました。日本では考えられないことですが、出国手続きをしなくても、いくらかのお金を係官につかませれば、フィリピンでは入ることができるようでした。

沢端主任はスーツの上着を私の頭からかぶせてくれて、カメラで撮られないようにしてくれました。日本航空のラウンジに入ると、そこまではカメラは入ってきませんでした。ここにいる私たちをエスコートしてきたイミグレーションの人間が、出国手続きをしたエリアで撮影している人間に、「パスポートを見せろ」と一言言ってやればいいものを、このイミグレーションの人は何も言わないのでした。いくらかの金を出国手続きの人間につかませているのは明らかで、そのことについて、私たちをエスコートしてきたイミグレーションの人もわかっているようで何も言わないのでした。

ラウンジでは沢端主任が、「何か食べろよ」と言ってくれましたが、一日食べていなかったので腹は空いていたのですが、何も食べずに我慢しました。なぜかと言うと、沢端主任とその部下も何も食べてなかったことと、イミグレーションのエスコートの二人の、自分の金を使うわけではないので、ここぞとばかりに食べまくっている姿がとても卑しく、浅ましい姿に見えて、日本男児としてこんな情けない姿は見せてはいけないと思ったからです。

イミグレーションの人は、自分たちの姿がすごく卑しく見られているなんて、気づきもしないと思います。「日本人はなぜ食べないんだろう、ただなのに……」位で多分一生気がつかないと思います。またそういうところに気がつくかつかないかが、日本とフィリピンの民度や国力の差として出てくるのだと思いました。そもそも、ラウンジでの飲食は日本航空の利用客のためのサービスであり、イミグレーションの人間のためのものではないはずです。

半年ほどのフィリピンでの生活だったけれど、しょっちゅう旅行に行ったり、一週間に一度は飲みに行って大騒ぎしたり、家族ぐるみの付き合いをしてきたのに、もう会うこともないだろうとなると、カバンを届けるどころか、壊して金を盗む。それだけの付き合いだったのだと思えばそれまでだけど、なんとも後味の悪い思いをしました。

フライトの時間が来て、ラウンジを出る時、沢端主任がまたスーツの上着を頭からかぶせてくれました。ラウンジの外にはテレビカメラが待っていましたが、カメラで（私の顔を）撮影することはできないだろうと思いました。

搭乗口でイミグレーションの人がやっと手錠を外して、手錠なしで飛行機に乗り込みました。ここまではカメラも入ってきませんでした。フィリピンでは日本の法律は適用されないので、日本の手錠をかけることができませんから手錠なしで乗り込みました。飛行機に乗り込んでしまえばどこにも逃げることもできないのだから、手錠などなくても同じことなのですが……。

「飛行機が離陸して、フィリピン上空を過ぎると、客室乗務員が機長から聞いて、「今、公海上に出た」と、知らせに来ました。そこで初めて日本の法律を執行することができるようで、「飛行機の中で、「有印私文書偽造、同行使、旅券法違反」の容疑で逮捕され、手錠をかけられました。

フィリピンでは、「ペルソナノングラータ（好ましくない人物）」として、「国外退去せよ」とのことだったそうです。しばらくして食事の時間になり、片手錠にしてくれました。不味いはずの機内食でも、丸一日何も食べていなかったので美味しく感じました。

飛行機が羽田空港に着くと、壊れた旅行カバンの中のチェックが始まりました。黄色いフィリピンの警察のテープを取り、バッグの中身を出して一つずつチェックしていきました。これといって特に何も問題なく、終わりました。出口に向かうと沢端主任がまた、スーツの上着を頭からかぶせてきました。出口を出ると報道陣がたくさんいて、写真を一斉に撮られました。用意されていたワンボックスの中に乗り込み、羽田空港を後にしました。その後、警視庁尾久警察署で検査を受けました。ここでも何事もなく検査を終了して、尾久警察署に留置されることになり、一日を終えてようやく眠りについたのでした。

■有印私文書偽造、同行使、旅券法違反

次の日、目覚めて洗面の後朝食になり、日の丸弁当にインスタントの味噌汁で腹を満たし、朝から沢端主任による取り調べが始まりました。容疑は偽造パスポートでフィリピンに渡った旅券法違反でした。私は終始一貫して黙秘しました。それでも私は、スナックの事件で巻き添えになって亡くなられた方々や、ご遺族の方々に申し訳なく思う気持ちが強くなり、全部話してしまおうか……と悩みましたが、家族が危険な目に遭うと思い、何も話せませんでした。同じく、有印私文書偽造、同行使でもいろいろ聞かれましたが黙秘しました。関係のない要町事件（石塚組長が襲われた事件）でもいろいろ調べられましたが、黙秘しました。

平成一五年一〇月三〇日、フィリピンのイミグレーションに逮捕され、翌一〇月三一日に日本に帰ってきて、警視庁の取り調べは約三五日に及びましたが、家族の安全を思うと、何も話せませんでした。

組織と縁を切る

そして、平成一五年一二月五日に群馬県警が私を迎えにきました。群馬県警の大胡署に移監になりました。それから日曜日を除いて連日朝から夜八時過ぎまで、ときには夜一一時まで取り調べが続きました。盗品等有償譲り受け、つまり盗難車の件での取り調べでした。そこでも一貫して黙秘しました。早く全て話して楽になりたかったし、亡くなられた方々とご遺族の方々に申し訳なかったので、話して謝罪したかったのですが、家族が危険な目に遭うと思うと、心配で話せませんでした。もう一つ誰が私のことをうたって(話して)いるのか知りたかったので、それが分かるまで話せませんでした。

それと取調官が気に食わず、この取調官には絶対に話さないと、意固地になっていたのでした。なぜかと言うと、私が飲めないのをいいことに、「夕べはコニャックをグラスになみなみと注いで飲んだんだ」とコンニャクみたいな顔をして言ってきたり、「昨日はサウナに行って生ビールを飲んだんだ」と言ったり、「黙秘しても、こっちは余裕だから」と言ったり、その割には、「よう副長（注・小日向の肩書きである副行動隊長）、副長、黙ってないで話せよ」と、言ったりしてきました。

また、「世が世ならこの拳で聞いてやるのになあ」などと言って、握りこぶしを見せてきたり、その物言いの一言一言がとてもいやらしく、とても話す気になりませんでした。

その他にも、何の用もないのに実家の母に会いに行って、「口のかたい子だね」などと話したり、家の墓を聞き出して写真を撮ってきたり、本当にいやらしい取調官でした。ある日、違う取調官が来て雑談をしている時、矢野会長の話になり、「小日向、あんな男のために死ぬのか？　矢野は自分のことしか考えてないぞ。矢野は、俺は何も知らない、小日向と大岩が勝手にやったことだと言ってるぞ」と、言われました。

しかし、そのまま言われたことを鵜呑みにすることはできないと思い、弁護士に「こんなことを言われたが本当か」と聞いてみたところ、「そうなんだ。矢野さんが話をしてしまって、困っているんだ」と言われました。

「これで私が矢野会長をかばう理由は無いな」と思い、全てを話して亡くなられた方々や、そのご遺族の皆さんに謝罪するべきだと強く思いました。「全てを話す」と言ったら弁護士に「そんなこと言って大丈夫？　小日向さん、家族いるよね？」と言われ、話せなくなりました。そして離婚して家族を隠すことにしました。そのほか、盗難車のボンゴを売ってもらった橋本代行も私に売ったと話しているようで、取り調べメモを、「見せなければ話さない」と言って見せてもらいました。

そこには、「わかったよ、うたうよー、うたう（話すよ話す）、小日向に売ったんだよ」と、書かれていました。これで橋本代行をかばう必要もなくなりました。その他、林ちゃんも知っていることは全て話していました。林ちゃんの事件とは何も関係ないことまで、面白おかしく話していました。私が不利になることまで……。

私が関わったものは全ての人が話をしていて、黙秘しているのは私だけでした。私は全てを話して謝罪しようと思いました。それにはまず家族の安全を考えて、女房と離婚して名前を変えて、家も引っ越しさせなければならないと思いました。

そこで検事にその旨を話し、女房と接見禁止になって会うことができなかったのですが、特別に面会できるようにしてもらい、（全てを話すことを条件に）女房と面会して、離婚して名前を変えることと、引っ越しをして住所を変えることを伝え、急いでするようにと、申し伝えました。

女房は「離婚するのは嫌だ！」と言っていましたが、それがお前と子供たちのためなのだと言って聞かせ、何とかわかってもらいました。

そして取調官も替えてもらいました。違う取調官で、一番話が合った人を指名し、「この取調官に替えてくれなければ話さない」と班長に言いました。するとすぐに替えてくれました。

前のいやらしい取調官は、よっぽど悔しかったのか、「副長、ちゃんと話しろよなあ」と、耳元で囁いてきました。気持ち悪い、最後までいやらしい男でした。確か、垣板（仮名）という名前だったと記憶していますが、定かではありません。

そうしているうちに新しく建て直した前橋警察署に、移監になりました。新しい取調室で新しい取調官と話をしました。取調官は、小沢係長（仮名）と、藤川部長（仮名）と言いました。小沢係長は話せ話せと急かすのですが、女房の引っ越しがまだだったので、話せませんでした。小沢係長にその旨を話し、引っ越しが終わったら全て話すと言いました。

すべて話してご遺族の皆さんに謝罪するべきだと強く思ったからです。組織と縁を切るため、組織がつけてくれた弁護士を解任しました。この弁護士は、取り調べの時、「大岩にやれと言われたと言え」と言ってきたのでした。矢野会長が、そう言っていたのです。矢野会長は自分だけ助かれば良いようでした。

「小日向と大岩が勝手にやったことだ。俺は知らない」だとか、「俺はシャバに未練がある」だとかいろいろ言って泣いているようでした。小沢係長から聞きました。矢野会長が自分の取調官に、こぼしていたようで、小沢係長が矢野会長の取調官から聞き出してきた話でした。

私は頭にきました。ボロ雑巾のように使い捨てにした若い衆にだって家族がいるのに、自分に未練があるために、私に全ての事件をおっかぶらせて、大岩さんを殺して、「大岩にやれと言われたと言え」と言ってきたのです。大岩さんは、間違いなく殺されていると思います。いまだに行方不明です。だからこそ私に、「大岩にやれと言われたと言え」と、事件の責任をかぶせてきたのです。

自分が助かるために子飼いの若い衆を殺して、私にすべてをかぶせてきたのです。私のことなど、微塵も考えてはくれていませんでした。

「一から十まで全て私にやらせるつもりじゃないでしょうね？」と私が確認した時、「そんなことはさせないから大丈夫だ」と言ったのは、全て嘘だったのです。最初から最後まで全部、私と大岩さんにかぶせてきたのでした。

そうしたこともあり、私は組織と縁を切り、ご遺族に全てを話し、謝罪する道を迷わず選んだのでした。ご遺族の方々もなぜこんなことになったのか、なぜ家族が突然殺されたのか知りたかったと思います。私が全てを話して謝罪すべきだと強く思いました。

これで事件後からずっと心の中でわだかまっていた思いがすっきりすると思いました。女房が引っ越しを終えたと連絡が入ったので、私は上申書を書き、すべてを話し始めたのでした。

シャバでは私のことを、「チンコロ野郎（つげぐちやろう）」と呼ぶ者もいたのですが、チンコロしてきたのは、矢野会長を始めすべて、私より先に逮捕された者たちであり、チンコロ野郎はそいつらなのです。

そのように、シャバでのんきにして、何もしなかった者たちに、何も言われる筋合いはないので、気にしてはいませんでした。

■盗品等有償譲り受け（盗難車）

第二章で盗難車として書いた、佐川の家の襲撃に使った「ボンゴ」「カリーナ」「ウィンダム」のことや、その他、鳴沢村のゴルフ場で後藤の襲撃に使った「パジェロ」「シーマ」といった車の件でいろいろ聞かれました。これらの車を盗んだ者たちはすでに逮捕されているようで、顔写真を見せられましたが、私は会ったことも話したこともない人たちで、私は林ちゃんに頼んで用意してもらったので、全く知りませんでした。

林ちゃんもこの事件ですでに逮捕されていて、「悪い事をしたなあ」と思うとともに、「盗まれた方々も、悔しい思いをしたことだろう」と思い、申し訳なく思いました。

ボンゴを用意してもらった橋本代行も逮捕されていて、私にボンゴを売ったと話していました。橋本代行は当初、黙秘しているようでしたが、厳しい追及に耐えられずに「わかったよ、うたうよ、うたう、小日向に売ったんだよ」と、チンコロしているようでした。

取り調べチームのメモを見せてもらいました。本当はこういうメモは見せてはくれないのですが、「見せてくれないと話さない」と言うと、何でも見せてくれました。林ちゃんの取り調べメモも見せてもらいましたが、やはりはじめは黙秘しているようでしたが、我慢できず、小日向に売ったと話していました。

林ちゃんはその他、旅行に行ったことや、林ちゃんに全く関係ないスナックの事件など、知っていることは自分に関係ない事件でも、「南関東在住の匿名希望のA」という名ですべて面白おかしくチンコロしていました。

関係ないことまで話すことはないだろうと、少し腹立たしく思いましたが、しょうがないと諦めました。

しかし、この林ちゃんのチンコロで後の裁判が、とても不利になっていくのでした。他にも盗難車は数台あったはずですが、事件になっていないので、おそらく林ちゃんが誰かに売って金にしたのだと思います。

■火炎びんの使用等の処罰に関する法律違反・現住建造物等放火未遂罪

この事件も第二章で詳しく述べた通りです。実際に火がついていたら、隣近所まで巻き込む恐れがあり、とても危険な行為でした。実際には火炎放射器ではなく、ガソリン噴射器として使われましたが、初めからパイプの先にタオルを巻き、火をつけておけば、本物の火炎放射器になっていたでしょう。火炎瓶などを投げる必要はなかったと思います。この襲撃で火がついていれば、その後の事件など起こらなかったかもしれません。

いや、エスカレートして佐川や後藤を狙っていたかもしれません。しかし佐川の家の中にも、隣近所にも、たくさんの人が暮らしていたことを考えると、未遂でよかったのかもしれません。一歩間違えれば大量殺人になっていたかもしれないからです。

逮捕されてからは、そんなふうに考えるようになりました。もし火がついていたら……そう考えると、とても恐ろしいことをしたと思いました。

■銃砲刀剣類所持等取締法違反

一連の事件で、たくさんの銃がありました。マシンガンのウージー三丁、マカロフ（サイレンサーがつくタイプとつかないタイプ各数丁）、スミスアンドウエッソンのリボルバー数丁、コルトガバメント、コルトディテクティブ（リボルバー）、ワルサーPPK、タウルスなどなど……。

他にもあったと思います。様々な事件に応じて、様々な銃を使ってきました。事件によっては、一人で複数の銃を使うこともありました。一度、事件に使った銃を再生させるため、矢野会長の命令で、ある組長が所有するクルーザーに乗り込み、研磨器を持ち込んで一度使った銃の銃身を磨いたりしました。

ボール盤でもあればいいのですが、オモチャのような研磨器などでは無理だと思いました。けれど命令なのでやってみましたが、思った通り全く歯がたちませんでした。これ以上やっても無意味だと思い、早々に切り上げ、三宅島周辺までカジキを狙ってトローリングをしたりしたことをよく覚えています。

その他、使った銃がまとめて、東京湾に浮かぶ第一海堡という小さな島に埋めてありました。この島は、東京湾に入ってきた敵軍艦を攻撃するために、大砲が備え付けられていた島で、今は大砲だけが取り除かれて、大砲が備え付けられていた台座だけが残り、島はそのまま残されています。そこにクルーザーで乗りつけ、埋めてあった銃を掘り起こして、海に捨てました。

初めから使った銃は全て海に捨てておけばいいものを、ケチって残しておくなんて二度手間です。これも矢野会長の命令でした。こうして使った銃の処分をしたりしました。その他の銃は林ちゃんの知っている埼玉県の山に埋めました。この埋めた銃は林ちゃんが逮捕された後掘り起こされ、証拠品となりました。

なぜ、山に埋めたのかは、矢野会長の命令なので、逆らえなかったのだと思います。すべて海に捨ててしまえばよかったのに、山に埋めて残しておいて、また何かの事件に使うつもりだったのでしょうか。とても考えられないことです。

一度使った銃などはとっておかず、ケチらずに使い捨てにするべきものなのです。こうして銃は一部を残して全て処分されたのでした。

その後、海上保安庁とともに警察は第一海堡の拳銃を捨てたところをさらってみましたが、潮の流れが早かったようで、丸一日かけて潜って探しましたが、拳銃は一丁も見つけることは出来ませんでした。やはり、ケチって山に埋めるより、みんな使ったものは、海に捨てるべきなのです。

■殺人、殺人未遂（細源と矢野会長の死）

この事件は、全く関係のないカタギの方々を巻き込んでしまった、例のない痛々しい悲惨な事件となってしまいました。すべての事件の主犯格である矢野睦会会長である矢野治会長が、令和二年一月二六日に東京拘置所で自殺してしまいました。事件で巻き添えになって亡くなられた方々や、そのご遺族に一言も謝罪することもなく、一言も真実を語ることもなく、語らなければならない者が自らの命を断って逃げたのです。卑怯な男です。

もう一人の主犯格と私が思っている、「細源」つまり「細田源市会長」は、埼玉の東所沢と西所沢の貸元であるＮ兄弟と、若い衆二人とともに、入間の貸元であり幸平一家理事長のＹ理事長によって殺されました。イラクのフセイン大統領が逮捕された時で、新聞ではフセイン大統領の記事が一面を飾り、Ｙ理事長の記事は新聞の隅のほうに小さくしかのりませんでした。

ちょうど私が大胡警察署に移監されたばかりの時でした。私は「もう少し早く殺してくれれば、スナックの事件など起こらなかったのに……」と思いました。

その時はあのいやらしい刑事に取り調べられていて、その刑事は連絡を受けて、「動きがあったね」と言って、癖である下顎を擦りながら、取り調べを中断して帰ってしまいました。

話は前後しましたが、真実を語らなければならない者たちが死んでしまった以上、私が事件のご遺族の方々や、被害者の方々への御弔いのためにも、また、今後このような痛ましい事件が起こらないためにも、この文章を書かなければならないと思いました。

「親の因果が子に報いる」と言うのでしょうか、私の愛する息子が、まだ一七歳の若さでガンで亡くなりました。私は泣きました。そして息子の命を奪い取ったガンを恨みました。しかしいくら恨んでも息子は帰って来ません。こう言ってはおこがましいですが、私は初めて被害者のご遺族の方々の気持ちがわかった気がしました。

ご遺族の皆様も、ある日突然家族を失って、さぞ無念だったろうと思いました。自分の愛する息子を失って、その悔しさを身をもって初めて知りました。ご遺族の皆様、本当に申し訳ありませんでした。私がいくらお詫びしたところで、事件に巻き込まれて亡くなられたご家族が帰ってくるわけではありませんが、私がお詫びしなければなりません。私が起こしてしまった事件なのですから……。

解説　自白、そして再審請求へ

〈白沢村のゴルフ場で昨年十月、指定暴力団稲川会系暴力団元組長が銃撃された事件で、犯行に使用された乗用車などを盗むよう依頼したとして、盗品等有償譲り受けの疑いで指名手配されていた指定暴力団住吉会系組員の小日向将人容疑者（三四）がフィリピンのケソン市にいることが三十日、前橋東署の特別捜査本部の調べで分かった。小日向容疑者は不法滞在で、きょう三十一日にも強制送還される見通し。特捜本部は帰国した小日向容疑者から事情を聴く方針。

調べによると、小日向容疑者は昨年四―五月ごろ、●●被告（三九）（盗品等有償譲り受けなどの罪で公判中）に、「マル盗の車はないか」などと盗難車を探すよう依頼、●●被告らが探してきた盗難ＲＶ（レジャー用多目的車）と国産乗用車を埼玉県内で引き取った疑いが持たれている。ＲＶと国産乗用車は、いずれも白沢村の銃撃事件に使われたという。

小日向容疑者は七月ごろ、偽造パスポートを使ってフィリピンに逃げ、不法滞在を続けていたという。

小日向容疑者は前橋市の乱射事件で中心的役割を担ったとされる東京都内の住吉会系暴力団に属しており、捜査本部は、乱射事件についても追及する方針〉（二〇〇三年一〇月三一日付読売新聞）

強制送還された小日向を二〇〇三年一〇月三一日、最初に逮捕したのは警視庁だった。偽造パスポートを作成し使用した容疑だ。前橋スナック銃乱射事件から約九ヶ月が経過していたが、読売新聞の報道を見れば分かるように、捜査当局はすでに小日向が前橋スナック銃乱射事件の実行犯だったとの見方を強めていた。

それに先立って、小日向の親分である矢野睦会会長、矢野治元死刑囚はこの年の七月に群馬県警が逮捕していた。九月には日医大事件の石塚隆組長殺害容疑で、警視庁が再逮捕しており、一連の事件を起こした矢野睦会への捜査は進んでいた。

最初に小日向を逮捕したのが、スナック銃乱射事件を捜査する群馬県警ではなく、警視庁だったことには理由があった。元警視庁組対四課管理官の櫻井裕一氏は日医大事件の捜査の過程で、矢野睦会の関係者Xの自白を得て、さまざまな情報を聞き出していた。その中に、スナック銃乱射の実行犯である小日向がフィリピンに逃亡している、との情報も含まれていたのだ。

「日医大事件の捜査で、実行犯として浮上していたXを別件で逮捕し、私が取り調べを担当しました。その中でXは腹を決めて、自白した。その流れで『櫻井さん、俺はスナックの実行犯も知っている。あいつはフィリピンにいるんだけど、パスポートの偽造には俺も関わったんだ』と言うんですね。彼は日雇いの人材派遣のようなことをやっていて、その中の一人の名義を使ったと言うんです。

フィリピンにいった人間を片っ端から探しましてね、その名前を見つけて、警察庁を通じてフィリピン当局に連絡したんです。先方に情報を送るとすぐに動いてくれましてね。パスポートを持っている四課の人間が現地へ行きました」（櫻井氏）

そして手記にあるように、フィリピンの入管当局が自宅に乗り込み、小日向の逃亡生活は終止符を打たれることとなったのだ。小日向は、この前後の経緯を手記で書き記す際に、独特の精神論を繰り返していた。

現地で世話になった人に、逮捕されたと知るや手のひらを返され金を奪われた小日向。さらに入管の留置施設では、布団や枕を入手するために、賄賂を払わなければいけない。これについて、小日向は担当者の「小遣い稼ぎ」を軽蔑した。そして、着の身着のまま連れてこられたため、少額の賄賂を支払えないことを「情けない」と嘆く。入管当局の職員についても、小日向の護送のため、空港のラウンジで金を払わないで食事を食べる様子を見て「卑しい」と非難した。小日向自身は前日から何も食べていないにもかかわらず、日本から迎えに来た捜査員らも食事していないことを理由に、「武士は食わねど高ようじ」といった慣用句も使用し、食事に手を出さなかったと書いている。

ヤクザとして、もしくは日本人としてのプライドは持っていたということを伝えたいのだろうか。ただこの後、小日向は親である矢野を売るというヤクザとしての最大のタブーを犯すことになる。

遺族への謝罪の道を選ぶ

小日向は二〇〇三年一〇月三一日、旅券法違反などの容疑で逮捕されて以降、再逮捕が相次ぐ。同年一二月五日には、自分は交通事故に遭い参加しなかった白沢事件に関連して、犯行に使われた車を盗品と知りながら譲り受けた盗品等有償譲受け容疑で群馬県警に逮捕され、身柄が前橋へと移された。

ついに県警が小日向を矢野と共に前橋スナック銃乱射事件の殺人容疑で逮捕したのは二〇〇四年二

月一七日。県警は行方が分からなかったもう一人の実行犯、山田健一郎死刑囚については指名手配した（同年五月六日に鹿児島市内で逮捕）。

小日向が一〇月末に日本に移送され、スナックでの殺人容疑で逮捕されるまでの約一〇〇日間、その心境は大きく揺れ動いていた。

手記にもあるように、逮捕当初の小日向は黙秘を続けた。自白は身内を売ることにもなりタブーとされているのだ。偽造パスポートについても、盗難車についても、事件については何も話さなかったことは当時の報道からも確認できる。手記によると、嫌みったらしい取調官などもいて、黙秘を貫いていたようだ。

しかし、連日の取り調べを受ける中で、矢野が「俺は何も知らない、小日向と大岩（仮名、矢野の配下の幹部）が勝手にやったことだ」などと供述していることを知った。小日向の当初の弁護士は、組織がつけた弁護士で、同様の供述をするように、といった指示も来たことから、袂を完全に分かつ決断をする。

「私は頭にきました。ボロ雑巾のように使い捨てにした若い衆にだって家族がいるのに、自分に未練があるために、私に全ての事件をおっかぶらせて、大岩さんを殺して、『大岩にやれと言われたと言え』と言ってきたのです。大岩さんは、間違いなく殺されていると思います。いまだに行方不明です。

（中略）

そうしたこともあり、私は組織と縁を切り、ご遺族に全てを話し、謝罪する道を迷わず選んだのでした。ご遺族の方々もなぜこんなことになったのか、なぜ家族が突然殺されたのか知りたかったと思います。私が全てを話して謝罪すべきだと強く思いました」（手記より）

襲撃や逃亡生活でたまっていた矢野への怒りがついに爆発したとも言えるだろう。その後、組織から妻子の安全を確保するために離婚し、引っ越しをさせた。そして二月一一日に「私が前橋スナックで銃を乱射した実行犯です」という趣旨の内容の上申書を書き、すべてを話す道を選んだのだ。スナックでの殺人容疑で再逮捕されるおよそ一週間前のことだった。組織がつけた弁護士は解任し、国選で弁護士を選任した。

盃を交わした親とその組織を裏切るというタブーを犯した小日向。しかし、こうなることは、二人の関係を手記を通して見ていると必然だったようにも思える。組織の仲間から小日向への批判は大きかったであろう。

「シャバでは私のことを、『チンコロ野郎（つげぐちやろう）』と呼ぶ者もいたのですが、チンコロしてきたのは、矢野会長を始めすべて、私より先に逮捕された者たちであり、チンコロ野郎はそいつらなのです。

そのように、シャバでのんきにして、何もしなかった者たちに、何も言われる筋合いはないので、気にしてはいませんでした」（同）

こうして、一人ですべてを認めて、矢野ら古巣と対立する道を選んだ小日向の孤独な戦いが始まっていく。

単なる「使い勝手のよい部下」にすぎなかった

小日向の自白から数ヶ月が経過した二〇〇四年五月三一日の前橋地裁は異様な熱気に包まれていた。

矢野、小日向の初公判が開かれたのだ。事件発生から一年以上が経過していたが、傍聴券を求め、約一七〇人が列をつくった。暴力団関係者も多かったろう。地裁周辺に約五〇人の警察官が配置され、物々しい雰囲気だった。

同日午後一時半過ぎ、法廷では傍聴席との間に透明の防弾用のパネルが設けられ、小日向、矢野両被告が相次いで姿を見せた。

以下、裁判の様子を書いた翌日の朝日新聞の記事の一部を引用する。

〈小日向被告は丸刈り頭で、グレーと青の上下。伏し目がちに被告人席に向かい、傍聴席に一礼して着席した。一方、矢野被告は白と青のシャツに青いズボン姿で、小日向被告の斜め向かいの席に着いた。起訴状が読み上げられると、矢野被告は『覚えがありません』、小日向被告は『間違いありません』。はっきりと答えた。冒頭陳述が始まり、矢野被告の指示でスナックが襲撃される段になると、遺族からすすり泣きがもれた。両被告はじっと朗読に耳を傾けた。（中略）

正面を見据え、時々傍聴席や小日向被告の方を見やる矢野被告に対し、小日向被告は視線を落としたままだった〉（二〇〇四年六月一日付朝日新聞）

死刑判決の中身については第四章の解説で書いたとおりだ。ここでは、裁判でどのように小日向が主張したかについて、見ていきたい。

小日向は数多くの罪に問われたが、そのすべてを認めた。その上で、小日向が関わった殺人被害者は四人。さらに大けがをさせたり地域を恐怖のどん底に突き落としたりと犯行の影響は重大で、被害者人数はもとより、死刑の基準を軽く踏み越えているのは誰が見ても明白だ。ただ、さまざまな汲むべき事情があるため「死刑にすべきでない」という法廷戦略が採られた。

その根幹の一つ目は、あくまでも矢野が主導した事件で、小日向はその指示によって、一部の行動を負担したに過ぎない、というものだった。

一審の弁護側資料によると、四ツ木斎場事件の発生当時の矢野は、住吉会幸平一家五十嵐組の跡目を継いで矢野睦会を発足させ池袋の責任者的な立場になったばかりで、矢野睦会の存在をアピールする絶好の機会と捉え、極端に派手な報復活動を画策するようになったと指摘。小日向はそんな矢野に指示されたに過ぎず、責任は矢野にあるという主張だ。

検察は、小日向が「矢野から大きな信頼を得ていた」と主張したが、小日向の地位は低く、矢野睦会発足時に組も持たせてもらえなかったとして、矢野にとっては「使い勝手のよい部下であったに過ぎない」と説明している。

新聞では「幹部」と表現された小日向の肩書き「副行動隊長」についても、部下の行動隊員は一人もおらず、参加していない襲撃もあり「行動隊」が報復行為を担当するわけではない、と訴えた。

一方の検察は小日向が襲撃について「積極的かつ、現場指揮官的立場」とも述べたが、弁護側は「矢野に従っただけで、行動隊長は井口であるし、実行犯の山田は同じ副行動隊長で年上だ」と反論した。

次に弁護側が減刑の理由として強く主張したのが「一般市民殺害の意思はなかった」ということだ。もちろん、知らなかったからと言って許される行為では到底ない。だが、暴力団員にとって、一般人を抗争に巻き込むというのは御法度であるという大前提のもと、小日向は矢野からの情報に基づき、一般市民はいないと錯覚していたといい、情状を求めたのだ。

その根拠として、後藤の立ち回り先など、これまで正しい内容しかなかった矢野にもたらされる〝密偵君〟の情報を信頼していたことを挙げる。そのため「一般人はいない」と聞いたとみられる矢野の発言を信じ込んだ、という主張だ。

そして「後藤の仲間は皆拳銃を持っている」と知らされたことで、小日向は拳銃を発砲せざるを得なかったというのだ。弁護側は「あやまった情報がなければ、いきなり撃つこともなかった」と釈明した。

弁護側によれば、「人に向けて撃ったのも、人を殺したのもこの時が初めて」という小日向。「（ボディガードに発砲し）当然、冷静ではいられず、そのような精神状態で、店に入った小日向は、狭い店内に人が大勢いることに驚いた。みんな後藤の仲間で銃を持っていると聞いていたので、被告人はとっさに撃たれると思った。そこで、動いた者、具体的には、左側に立っていた男性K（※資料は実名）と奥で動いたOに対して発砲したのである」（弁護側主張）

極限状態にあり、冷静に目の前の状況を把握することができなかったという主張だ。手記でも男性については「一見ヤクザ風」と見た目について書いていた。弁護側は、カウンターにいたママには発砲していないことを「一般市民殺害の意思はなかった」ということの根拠に挙げた。

このほか、強く主張したのが「自首が成立するかどうか」だ。

前述したように、矢野を見限った小日向は二〇〇四年二月一一日に、自らが実行犯であるという上申書を作成した。それまでの経緯の詳細について弁護側はこう主張した。

・小日向は、一般市民を殺害してしまったことに対する自責の念から、旅券法違反などで逮捕された二〇〇三年一〇月三一日の時点で全面自供をするか否かについて迷っていた。
・一二月には知っているすべてのことを話す準備として、家族の安全をはかる手だてを考え出していた。一月七日には捜査官から接見禁止解除の手続を教えてもらい、妻と面会し、離婚手続を進めた。
・一月二三日には離婚が成立し、妻や子の転居も進み、家族の当面の安全が確保されたことを確認し、一月二五日に警察官に対して盗難車の譲受を矢野から指示されたことを認め、一月二六日には矢野から指示されたことを認めた検面調書が作成された。

このように、スナック殺人の実行犯であることを自白する二月一一日の上申書の前にも全面自供に向けた動きがあり、捜査機関は小日向が犯人だと確定できていなかったことから、自首が成立すると訴えたのだ。

二〇〇五年三月の前橋地裁判決では弁護側の主張も一定程度考慮された。例えば、「現場指揮官的な立場」という検察の主張は退けられた。だが、死刑を免れるにはほど遠いものだった。

小日向の弁護人がこだわった「自首が成立する」と「一般人殺害の意思はなかった」ということについては、受け入れられなかった。

判決文のこの二点について言及している箇所を抜粋する。

〈関係各証拠によれば、捜査機関は、平成一五（二〇〇三）年九月二九日には、匿名の情報提供者から、三俣事件（注・スナック銃乱射事件のこと）の実行犯が被告人と山田であることなどの情報を得て、これに基づき裏付け捜査を遂行し、平成一六（二〇〇四）年一月七日には、「すなっく加津」店舗付近路上に遺留されていた眼鏡と同種類のフレームを三俣事件以前に被告人が購入していること、同年二月二日には現場に遺留していた眼鏡に付着していたDNA型と被告人のDNA型が一致することに関する証拠を収集したことなどにより、被告人が三俣事件の実行犯の一人であるとの強い嫌疑を抱き、更に被告人に対する取調べを行い、この結果、同月一一日に被告人から自白を得たことを認めることができる〉

そして、こう判断した。

〈このような経緯によれば、被告人の自白は、捜査機関に発覚する前に自発的になされたものとはいえず、被告人には三俣事件について自首は成立しない〉

一般人殺害の意思については以下のように判断された。

〈なお、弁護人は、被告人に一般人を殺害する認識はなかったと主張する。しかしながら、その犯行の日時は、土曜日の午後一一時二五分ころという、地元の常連客らが居合わせる可能性があることを容易に予想できるものである上、被告人は、その犯行に及ぶ前に、矢野から当初聞いていた情報が正確でないことに気付いて、山田と一般客の存在について話し合い、矢野にもその旨を告げて、犯行の中止を進言しているほどであるから、被告人は、一般人が店内に居合わせている可能性があると認識していたものと認めるのが相当であり、そうであれば、その居合わせた一般人を殺害する可能性があ

ることも認識していたものと認めるのが相当である〉

小日向は控訴し、争いの場は東京高裁へと場所を移した。弁護側は同様の主張をし、死刑判決回避を目指した。しかし高裁も、地裁と同様の判断を下した。

高裁判決は自首の成立、一般人殺害の意思の有無について、地裁判決よりもさらに丁寧に弁護側の主張を否定した上で、こう断罪した。

〈死刑は、その生命をもって償う最も峻厳な刑罰であり、その選択に当たっては最も慎重な態度をとるべきはいうまでもなく、犯行に至った経緯やその動機、犯行の態様、犯行の結果、特に死亡した被害者の数、遺族等の被害感情、犯行が社会に及ぼした影響等に加え、被告人の反省の情、その年齢、前科関係等、各般の事情を総合考慮した上、その罪責がまことに重大であって、罪刑の均衡の見地からも一般予防の見地からも、真にやむを得ないと認められる場合でなければならない。

これを本件についてみれば、上述した量刑の事情、とりわけ、三俣事件について、犯行に至った経緯や動機、態様、結果、特に死亡した被害者の数の多さ、遺族の感情の峻烈さ、事件が社会に及ぼした影響の甚大さなどに照らすと、この事件だけでも被告人の刑責は極に達するというべきのみならず、被告人は、三俣事件以外にも重大な犯行を重ねているのであるから、被告人が本件各犯行を率直に認め、特に三俣事件については、犯行を自供して以降一貫して事実を認め、捜査に協力し、その全容の解明に貢献したこと、真摯な反省の態度を示していること、被告人には前科がないこと、それに家族の状況等、被告人にとって酌むべき事情を最大限に考慮しても、被告人の刑責はあまりに重いのであって、無期懲役刑を選択する余地はないものというべきである。被告人を死刑に処した原判決の量刑は、まことにやむを得ないというべきであって、これを是認せざるを得ない〉

死刑判決が揺るがない状況ながらも、小日向は共犯者らの裁判で検察側の証人として法廷に立つなど「被害者のため」〝事実〟を語り続けた。

この時の心境について、二〇二三年五月、支援する進藤龍也牧師に宛てた手紙の中でこうも書いている。

〈「死刑判決を下されたけど、事件解決のために、敵であった検察官が会いに来て、「証人になってくれないか?」と言ってきた。矢野や他の者の裁判のため。(もくひしてたから)また裁判で証人になって戦わなきゃならないのか……またさわがれるなぁ……いやだなぁ……と思ったけど、亡くなった方や遺族のためOKしたら、検察官(四席検事)は「あなたは本当にえらいね、なかなかできることじゃないよ」と、よろこんでた。

そして裁判になり、裁判所のぼうちょう席はちゅうせんだけど、数十人分しかなく、遺族がゆうせんですわり、のこりのうち少しを、総長のために、ちょっとだけゆずってくれないか? と組織の者が県警にかけあったけど、よく会いに来てたマル暴のトップが「ヤクザと取り引きはしない」と、ことわり、じゃあそういうことなら……と幸平一家が観光バス数台で来て、ヤクザが席とりのために数百人ならび、それに負けじと県警も応援を出しならび、一般人、マスコミなどがならび、すごい倍りつになった。

そんなプレッシャーの中で証言してきた。矢野らは大弁ゴ団をつくり、小日向、三席四席検事VS矢野らと大弁ゴ団となった。そうしてかいけつしてきたけど、そういうじょうじょうしゃくりょうもみとめられず、高裁でも判決はかわらず、そしてカクテイした。さいしんできるといいなぁ……」〉（小日向死刑囚から進藤牧師への手紙より）

元警視庁の櫻井氏も当時の矢野睦会の関係者の裁判を振り返り、自白の大変さについて指摘する。

「小日向がフィリピンにいることなど捜査にも協力し、自らの殺人についても自供したXの裁判も大変でした。初公判の日、幸平一家が観光バス何台かで来るわけです。それで傍聴券の抽選をする。向こうは人数も多いから当選者も多くなってしまう。いざ裁判が始まると、『なにうたってるんだこらあ！』のように叫ぶ輩が何人も出ましてね。もちろんつまみ出されるんですが、Xは初公判の罪状認否で何も言えなくなってしまった。

第二回からは警視庁からも抽選に応援をたくさん呼びまして、何とか法廷で占める割合を半々くらいにしましたね。そのような状況に裁判はなるので、ヤクザが組織を裏切り自白することは並大抵のことではないんです。小日向の裁判もとても大変だったでしょう。それだけのことをしてきた辛さも少しは分かっているつもりです」

かつての仲間からヤジを飛ばされながら小日向が全面自供したことは、真実の究明にも多く貢献した。例えば、二〇〇四年一二月二一日付の読売新聞の記事にはこのような記述がある。

〈乱射事件は今年二月、別の事件で起訴されていた小日向被告の供述などから、逮捕者が相次いで、捜査が進展。これまでに関連事件を含めて四十七人が逮捕され、現場の見張り役や銃調達、逃走車両の運転手らを含め、乱射事件に直接かかわったとして十三人が起訴された〉

また、多くはないが、小日向のそのような姿勢を見て、自白する組関係者も出てきた。例えば、白沢村での襲撃やスナックで銃を乱射した後の小日向と山田を都内まで運び、犯人隠避や殺人未遂に問われたある組員は、罪を認め、自らの法廷でこうも述べていた。

「小日向が厳しい刑を覚悟して責任をとろうとしているので争えないと思った」「(スナック銃乱射の)被害者には申し訳ないとしか言いようがない」

小日向は全面自供したほか、進藤牧師への手紙にも書いたように、死刑判決が出たあとも山田ら他の共犯者らの裁判に出廷し、証人として証言を続けた。このような行動は、事件の全容解明に大きく役立ち、多少なりとも他の組員の気持ちを動かしたことは否定できない。

地下鉄サリン事件の林郁夫との共通点

最後の望みをかけて、最高裁に上告する際、小日向の弁護人はある一人の無期懲役囚のケースを引き合いに、無期懲役にすべきだと訴えた。

地下鉄サリン事件などで無期懲役が確定したオウム真理教の林郁夫受刑者だ。言わずもがな、地下鉄サリン事件は、一四人という多くの死亡者を出した日本犯罪史上に残る無差別テロ事件だ。林受刑者は、その自供が全容解明に繋がったとして、死刑が回避されていた。弁護側は林受刑者と小日向の類似点を挙げ、二人に差をつけると均衡を欠くと主張した。

上告趣意書によると、医師でもあった林元被告人が問われた罪は地下鉄サリン事件のほか、薬事法違反（麻酔薬の製造）、（信徒の娘や信徒の）監禁、（信徒の親族に対する）逮捕監禁致死、犯人蔵匿、犯人隠避等と、小日向同様、多岐にわたった。地下鉄サリン事件は麻原から命令されて実行部隊の一員となり、地下鉄車内でサリンを撒いて、全体で一四名の死者と多数の重傷者（サリン中毒者は五三一一名／同趣意書より引用）を出しており、林元被告人自らの行為によって直接的に二名の死者と多数の重傷者を出した。

「林郁夫元被告人の供述状況を見ると、地下鉄サリン事件について自首したのを皮切りに、その後も、捜査、公判を通じ、一貫して、被告人の関与した犯罪のみならず、教団の行った他の犯罪、教団の組織形態、活動内容等に関し、自己の知る限りを詳細に供述し教団の行った犯罪の解明に多大な貢献をしている。そして同判決も、林郁夫元被告人の供述態度について、『被告人は極刑が予想される中、何ら臆することなく供述を続け、しかも、その内容は被告人にとって決定的に不利な事項にまで及んでいるのであり、包み隠さず、すべてを供述しようとする姿勢は、彼告人の反省、悔悟の念の深さを示している。また、真実を明らかにすることだけが自分に課せられた最後の使命であり、かつ、人間として当然の責任であるとし、自らの公判や共犯者の法廷において、真実を話し続け、悔悟改俊の念──麻原を盲信して犯行に及んでしまった悔しさ、情けなさ、さらには、被害者や遺族に対する申し訳なさから、嗚咽しながら供述し、時には号泣する被告人の姿に胸に迫るものを感じたものも少なくないであろう。』と述べる。

一方、本件被告人は、犯行直後から、一般人を撃ってしまったという悔恨の念を抱きはじめ、逮捕後早い段階から三俣事件について供述したいと考えていたが、組から家族を狙われるのではないかという恐怖心から、供述するための準備に時間が掛かり、実際に供述したのは遅くなってしまったが、供述を始めてからは捜査、公判を通じ、一貫して、被告人の関与した犯罪のみならず、組の行った他の犯罪、暴力団組織の組織基盤、活動内容等に関し、この知る限りを詳細に供述し、矢野ら組が行った犯罪の全容が解明された。そして、大勢の組の者が裁判所に押しかけ、傍聴席を占める中、被告人は、その圧力を跳ね返して、共犯者の法廷において真実を述べ続けた。被告人は、真実を明らかにすることだけが自分に課せられた最後の使命であり、かつ、人間として当然の責任であるとし、自らの公判や共犯者の法廷において、真実を話し続けた。形式的には、林郁夫元被告人には自首が認められ、本件被告人には、（原判決においては）自首にあたらないとされた点には差異があるが、実質的には、自らの意思で真実を語り出し、その結果、それまで不明であった事実が明らかとなって犯行の全容解明に多大なる貢献を果たした点には何ら違いがない。そして全面自供後、暴力団からの報復という危険な状況を省みず、法廷で供述し続けた姿から見える被告人の真の悔恨による反省の態度は林郁夫に劣らない」（上告趣意書より）

しかし最高裁は二〇〇九年七月、「事件の解明に協力し、首謀者の所属暴力団組長の命令で実行したことを考慮しても、刑事責任は重い」と上告を棄却。小日向の死刑が確定することとなった。最高裁が林受刑者との比較をどのように判断したかは不明だが、自首が成立しないことなどが判断の根拠の一部となっているのだろう。

その後、事実関係に誤りがあると、再審請求をしたが、前橋地裁は二〇一六年一二月に棄却。関係者によると、小日向は自筆で東京高裁に即時抗告を申し立てた。これが二〇一八年一〇月に棄却されると、翌月に再び最高裁に特別抗告の申し立てをしたが、同年一一月二一日、最高裁第二小法廷は裁判官全員一致で棄却した。

第七章

謝罪

――手記⑦

私は今まで悪いことをしてきました。誤った道を歩んできたのです。
しかし今、主イエス・キリストによって正しい心に、正しい道に変えられました。
本当に申し訳ありませんでした。

30歳ごろの小日向死刑囚

私の経歴

私は一七歳の頃、新宿のキャバクラでボーイとして働いていました。ある日、ボーイ同士で喧嘩になり、それを見ていた幸平一家池袋の人に「見所がある」と言われ、ヤクザにスカウトされました。後日、その人の池袋のマンションに転がり込みました。数日後、別の組員が私を迎えに来て、そこで初めて矢野会長と会いました。当時はまだ組長でした。

居酒屋で会い、話をしました。それから数件スナックをはしごし、そこで私に両手の指を見せてきました。両手の小指が根元から欠損しており、こう言いました。

「見ろ、まだ八本ある。足の指を入れれば一八本ある。何でも好きなことをしてこい。がいまち（間違いのこと）があったら俺が指をけずって（指を詰めて）けじめつけてやる。心配するな、好きにやれ」

どこの馬の骨ともわからないガキに、「俺の指をやる」と言ったのです。自分が逆の立場だったら、同じことを言えるだろうか……。なんと男らしい人だろうと思いました。

そして、「今日から俺のことを親父と呼べ」と言われました。私は嬉しく思いました。「この人についていってみよう」と思ったのです。

その日から矢野組事務所で部屋住み生活が始まったのです。数ヶ月すると親父から「マサ、車の免許とって来い、俺の運転手をやれ」と言われ、私はいくらかの金を貰いました。その金で自動車教習所へ通いました。

その頃と同じくして、私をスカウトした人と池袋で酒を飲んでいた時にその人が店の客と喧嘩を始めたのです。何が何だかわかりませんでしたが、私も飛びました（喧嘩に加勢すること）。しばらくすると、警察官が来て逮捕されました。私は少年だったので、少年課で取り調べられました。私は黙秘しました。あまりにも何も話さないので、知っているマル暴の刑事さんが来て、「小日向、少年課の刑事さんが困っているよ、何とか話をしてくれないか」と言いました。しかし、自分の先輩が、どんな調書を巻いているのかわからないのに、私が勝手に話すわけにはいきませんでした。

だから、差し入れの栄養ドリンクには手をつけませんでした。マル暴の刑事さんには顔を潰すようで申し訳ないけど、そう説明して何とかわかってもらいました。一緒に喧嘩した先輩に、逮捕された直後の別れ際に「全部俺がやったんだからな、お前は止めていただけだからな」と言われていたので、少年課の刑事さんには「俺は止めていただけだから何もしていない」の一点張りで通しました。

よほど困ったのか、親父にマル暴から、「小日向が何もしゃべらなくて、少年課が困っている」と言ったようです。

数日すると弁護士の先生が面会に来て「矢野さんがね、やったことはやったと認めて、早く出られることを考えろと言っているよ」と言ってきました。

そして取り調べの時、「いつまで黙っているんだ」と言われ、「先輩はどんな調書巻いてんの？　見せてよ、見せてくれなきゃ話さない」と言うと、刑事は調書のコピーを「内緒だぞ」と言ってすぐ見せてくれました。

問題は血まみれになった灰皿でした。

「これを使ったのはどっちだ？」と聞かれました。先輩の調書には「それを使ったのは俺じゃない」と書いてありました。

逮捕時の「やったのは全部俺だぞ、お前は止めただけだからな」と言ったのは嘘でした。私は「指紋をとったらいいじゃないか」と、言いましたが、あまりに血まみれでとれないようでした。

それから先輩の調書に沿って、先輩がやっていないと言うところは、私がやったという、嘘の調書を巻きました。それから少年鑑別所に入れられました。そして保護観察処分になり、四〇日ほどで出ることができました。警察にいたのが二〇日として、あわせて二ヶ月で出ることができたということになります。

帰ってくると、簡単な放免祝いをしてくれました。とても嬉しかったのを覚えています。

それから何とか車の免許を取り、親父の車の運転手になりました。

そんなある日、北海道で義理事があり、親父と二人で先行しました。そして後日、五十嵐の親分と、お供の組長数人がやってきました。私が五十嵐の親分に会ったのは、その時が初めてでした。普段は雲の上の存在の人なので、とても緊張しました。北海道の組織の接待で寿司屋に入り、親分に隣に座れと言われ「好きなものを頼め」と言われましたが、緊張で何も頼めないでいると親分が「カニは好きか」と聞いてきて、「好きです」と答えると、板前にカニを注文して、二貫くると私にとってくれて、半分くれたのでした。

「数の子は好きか」と聞かれ、「好きです」と答えると、数の子を注文して一貫とってくれるのでした。他にも頼んでくれましたが、緊張していたので、後は覚えていません。ホテルに一泊する時も組長たちに押し付けられて、親分と同じ部屋に泊まることになってしまいました。今となっては良い思い出です。

それから池袋に帰ってしばらくすると、抗争事件があり、事務所待機になっていたところ、五十嵐の親分から名指しで呼ばれました。どうやらボディガードにつけということのようでした。

それが五十嵐の親分の部屋住み兼運転手の始まりでした。五年ほど務めて、その後幸平一家本部の部屋住みを一年務めて、それから幸平一家一二代目総長の築地久松総長の運転手を四年ほど務め、また五十嵐の親分の指名で、五十嵐の親分の部屋住みを二年ほど務めました。そして、やっと解放されたかと思ったら、今回の事件でした。

ようやく自分のことができると思い、ゲーム喫茶を出し、ようやく軌道に乗ってきたかと思い出したところ、いろいろな襲撃事件に駆り出され、大怪我をしたにもかかわらず使い回され、そして事件を起こし逮捕され、裁判にかけられ死刑判決が下されたのでした。

キリストとの出会い

そんな頃、「罪人の友」主イエス・キリスト教会の進藤龍也牧師が、東京拘置所にわざわざ面会に来てくれました。実は進藤牧師とは、お互い少年ヤクザだった頃、占有物件の占拠に駆り出された時、顔を合わせているのです。私の代わりに引き継ぎにやってきた進藤牧師が住居侵入で逮捕されたのです。

そのようないきさつがあり、面会に来てくれたのです。

進藤牧師は、「天国への片道切符を持ってきたよ」と言っていました。始めは何を言っているのかさっぱりわかりませんでしたが、それ以来文通をするようになり、だんだんわかるようになってきました。

ある日「聖書を一度読んでみませんか？　チャレンジ!!」という手紙をいただきました。

そして私は、「チャレンジするから聖書を送ってくれ」と厚かましい返信をしました。

するとと後日、聖書が送られてきました。それがキリストとの出会いでした。そして私は毎日少しずつ読んでみました。読んでいくうちにぐいぐい引き込まれていく感じがしました。

「すごいなあキリストって、すごいなあ聖書って」と、素直に思いました。

また、私のような犯罪者でも同じ人間として見てくれる、キリスト教っていいなぁと思いました。そこで私は「クリスチャンになろう!!」と強く思いました。

そして進藤牧師とは、昔のことがあるので（ヤクザだったため）、死刑が確定してから、面会は許可されなかったので、代わりにクリスチャン弁護士の平塚雄三弁護士に面会に来てもらい、平塚先生に信仰告白の祈りを見届けてもらいました。

平塚先生は「おめでとう」と言ってくれました。

こうして晴れてクリスチャンになり、今は毎日事件で亡くなられた方々や、ご遺族のために祈らせてもらっています。私は、主イエス・キリストに拾われました。進藤牧師と知り合いだった私はとてもラッキーです。進藤牧師に感謝、感謝です。

今は、クリスチャンになりました。そして亡くなられた方々のために毎日神様に祈らせてもらっています。亡くなられた被害者に、私のできることと言えば神様に祈ることくらいしかありません。ただただ、ご冥福を祈るばかりです。これしか言葉が見つかりません。

ご遺族の皆様、本当に申し訳ありませんでした。

私は今まで悪いことをしてきました。誤った道を歩んできたのです。しかし今、主イエス・キリストによって正しい心に、正しい道に変えられました。本当に申し訳ありませんでした。

今後このような痛ましい事件を起こさないためには、ヤクザの世界から離れなければなりません。

自分の親分に「カラスは白い」と言われればみんな白になります。それがヤクザの世界ですが、交差点の信号が赤なのに、「信号は青だ」と言われたらどうでしょうか。

横断歩道には歩行者がいます。自転車も走っています。乳母車もいます。小さな子供だって手を挙げて横断歩道を歩いています。

あなたは交差点に車を突っ込ませることはできますか？

そんなことをするのは頭のおかしい者です。

まさに今回のスナック乱射事件で、信号は明らかに「赤」なのに「青だ、行け」と言ったのが、矢野会長なのです。

後から「みんなやれとか言わなきゃよかったな」だとか「ボディガードだけにしとけばよかったな」などと言っても遅いのです。何度も「中止しよう」と言ったのに、現場の声を聞かないからこうなったのです。

「カラスは黒です」「信号は赤です」とはっきり間違ったことならば、指を詰めてでもそれを正す勇気を持つべきだと思います。それで破門ならそれで良いではないですか。そこまでの親分だったというだけのことです。

今回のスナックの事件も、私にその勇気があれば、もしかしたら防げたのかもしれません。その代わり違う者が事件を起こしていたでしょうが……。

そしておそらく、指どころではなく、第一章に書いた組長のように殺されていたでしょう（事件の詳細を知りすぎているので）。

もう、このような痛ましい事件が起こらないよう、警鐘を鳴らすとともに、神様に祈らずにいられません。

解説　泣いた裁判長

「今日から俺のことを親父と呼べ」

一〇代の頃に男惚れして盃を交わした矢野の命令によって、前橋スナック銃乱射事件の実行犯となり、共犯者とともに一般人三人を含む四人を殺害し、死刑執行の日が迫る小日向。「カラスは白いと親分に言われれば白くなるヤクザの世界で、『カラスは黒です』と間違いを正す勇気を持つべきだった」と後悔の日々を送る。

これまで見てきたように、犯行後に稼業の親である矢野と組織を〝裏切り〟、真実を語ってきた小日向は、ヤクザの世界ではタブーを犯し続け、身内からは大きく批判されただろう。だが、その判断は遅きに失しており、遺族の処罰感情は和らがず、死刑判決も覆ることはなかった。近年、東京拘置所で過ごす小日向はほとんど家族との連絡も取れていないといい、孤独な日々を過ごしている。

執行は共犯者がいる場合、同時に行われることが多く、小日向は山田健一郎死刑囚と同時になる可能性が高い。スナックで拳銃を共に乱射したもう一人の実行犯、山田は、逮捕後にも〝ヤクザらしく〟立ち振る舞っており、小日向とは対照的だ。

当時の新聞報道によると、身柄が確保されると、山田死刑囚は黙秘を続けた。しかし、矢野の裁判に証人として出廷した際に、自らの行為については事実関係をすべて認めたのだ。その上で、矢野の指示については「知らない」と、親を売ることはなかった。

そして最終意見陳述では「遺族や関係者の方には心から深くお詫び申し上げます。堅気に向かって発砲したのは紛れもない事実。どんな刑にも服す所存です」と謝罪。前橋地裁で死刑判決が下された日、遺族に向かって土下座した。当初の実行犯で山田と直前に交代した井口は、自らが裁かれる法廷で組織への愛着を語り、裏切った小日向を非難。その一方で「山田被告は被害者、罪は私に帰す。山田に寛大な判決を」と話し、山田をかばっていた。

山田も控訴したが、高裁、最高裁と判決は変わらず、死刑が確定している。逮捕後、組織に対しては真逆の態度を取った二人だったが、死刑を待つ身に変わりはない。

元妻とも連絡が途絶える

人知れずヤクザになった小日向を支えたのは妻と三人の子供だった。

〈被告人は、平成二、三年ころ、●●と知り合って、内縁関係になり、平成九年七月七日に入籍し、同月中に同人との間に長女を、平成一一年九月に長男を、平成一三年四月に次男をそれぞれもうけた。被告人は、収入が債権の取立てくらいしかなく不安定であるため、長女が生まれてからは安定した収入が欲しいと思うようになるとともに、呼出しがかかるとすぐに駆け付けなければならないことなどに嫌気がさし、暴力団からの脱会を考えたこともあったが、その後も暴力団組員としての活動を続けていた〉（地裁判決文より）

自白に際して、この妻と子供三人を守るために、離婚したと手記に書いた小日向。離婚した妻も小日向の裁判では情状証人として出廷していた。「家族のための犯行だった」「今でも夫だと思っている」などと減刑を訴えた。

さらに小日向に代わり、遺族に墓参りを申し出たり、現金を用意して示談しようとしたりと元夫の死刑回避のために動いた。そんな元妻ともいつしか連絡は途絶えたという。

小日向は二〇二三年五月の進藤龍也牧師に宛てた手紙の中で、元妻や息子との文通がしたいなどと書いている。迷惑をかけたことを謝り、関係を改善して仲良くしたい、などと悲痛な思いを訴えている。優しく、心配してくれた家族のことを夢にみることもあるという。

「事件前の幸せだった頃のように……」

手紙にはこう書いてあった。

進藤牧師は小日向の家族観についてこう話している。

「矢野さんと稼業の親子になった小日向ですが、父母は離婚し、母親は再婚しているんです。継父や兄とはもともと折り合いがよくなく、現在は絶縁状態です。時折、母親だけが手紙と差し入れを入れる程度のようです。ヤクザには実の親と疎遠な人間が多くいますが、小日向も実の父親に甘えられない分、稼業の父親である矢野に『親父と呼べ』と言われたことは嬉しかったのかもしれません」

※　※

二〇〇五年三月二八日、前橋地裁で小日向に死刑判決を言い渡した久我泰博裁判長は、涙で言葉を詰まらせながら「死刑」を言い渡していた。当時の報道より、説諭を引用する。

「君が罪を話そうとした時から、いつかこの日が来ることは分かっていたと思う。やったことを考えると、死刑制度がある以上、選択はやむを得ない」

「自分で言い渡しておいて何だが、できるだけ長くこの世にとどまってほしいと思う。命を奪った人たちに、君ができることを行って償って下さい」

裁判長の涙は、組織からも家族からも支援のない孤独な小日向にとって、大きな救いとなっているだろう。

おわりに

埼玉県川口市の教会「罪人の友」主イエス・キリスト教会の進藤龍也牧師は、小日向と同じ幸平一家傘下の組でヤクザだった過去を持つ。覚醒剤で三度の懲役経験があるが、キリスト教に出会い、ヤクザを辞めた。猛勉強の末、牧師になり約一八年が経過している。

進藤牧師は自らの教会に「罪人の友」と銘打つように、自分自身の経験を踏まえ「人は誰でも変わることができる」「犯罪者こそ悔い改め、救われるべきだ」と考える。その思いは犯罪者や受刑者への「刑務所伝道」に繋がり、教会には出所者やその家族が集まり、各地で講演活動も行う身だ。

そして、ほかの教会ではあまり例を見ない、無期懲役囚や確定死刑囚への支援にも力を入れているのだ。

「自らの罪を悔い改めて死刑が執行されるのと、そうでないことには大きな違いがあると思います。本人のためにも、被害者や遺族の方のためにも、そうあるべきです。

無期懲役刑の人も同じです。残る人生をどのように生きるのか。どうせ刑務所を出られないから、と投げやりになるのではなく、自分と向き合い前向きに生きて欲しい。

有期刑が分かりやすいですが、刑務所は罰を与える場所ではなく、更生する場所であるべきなんです。

私に対して被害者や遺族の方が『なぜこんなやつを支援するんだ』と思うのも分かります。でも人は誰しも過ちを犯すんです。どんな犯罪者でも誠実に向き合えば、本当に変われると信じています。社

会が見捨てた人間でも、私は誰も見捨てたくない」（進藤牧師）

元ヤクザの過去を持つ進藤龍也牧師に聞く

かつての同胞ともいえる小日向もその支援の対象だった。出会いについて振り返る。

「小日向と初めて会ったのは三〇年前、ある物件を不法占拠しているときです。応援で別の組ながら、小日向も来ていました。お互い未成年の少年ヤクザでした。私が一歳年下で、同世代です。

小日向は身長は低いですが、美青年という感じの整った顔立ちで、ジャニーズにいてもおかしくない雰囲気だったのでとても印象に残っています。地元がお互いに埼玉で話が弾んだのもよく覚えています。今思えば、彼は無理をしていたのかもしれないけど、『イケイケ』というか向こう見ずないかにもヤンチャな若者という感じでした」

組が違うことから、私的に交流を続けたわけではないが、同じ幸平一家のため「義理場」で会うなどの交流が続いた。そんな中で、組織内の知人から、小日向が矢野治元死刑囚やさらに上役の幹部の運転手や部屋住みといった、若い衆が嫌がる役目を務めていたことを聞いていた。

「覚醒剤を売るなどシノギを持って金を稼ぐのではなく、ヤクザの本流として偉い人のそばで仕えていた。もちろんそのような役回りをしている人間なので、上層部から気に入られていたんだとは思います。裁判資料にもキリトリ（債権回収）くらいしかシノギがないとあったので、あまり贅沢な暮らしはできていなかったのではないでしょうか。私たちの世代は後先考えず、ただいい暮らしがしたい、と思ってヤクザになる人間が多かったので、そういう意味では不遇だったともいえるかもしれません」

矢野睦会が稲川会大前田一家の幹部らに襲撃を繰り返していた頃、進藤牧師は三度目の懲役の最中で松江刑務所で服役していた。

「前橋スナックの事件はよく覚えています。矢野睦がやっていることも何となく知っていました。事件を初めて聞いたときに、なんでこんなに一般の人を巻き込んでしまったのか、ということが疑問でした。もちろん小日向が犯人ということは知りませんでしたが、実行犯はびびってへましてしまったんだろうかと思ったことを覚えています。相当遠くから狙って、外してしまったのかな、と思いました」

フィリピンから小日向が強制送還され、警視庁に逮捕されたのと前後して、進藤牧師は出所していた。ヤクザを辞め、牧師を志して勉強に励んでいた頃だった。そして進藤牧師は「刑務所伝道」を始め、小日向もその対象だった。何度か文通し、二〇〇九年ごろ、すでに地高裁で死刑判決が出ていた小日向との面会に行く決断をする。

「もうヤクザ稼業から足を洗った身ですから、誰と会って何をしようが私の自由です。しかし、小日向の面会に行った日、待合室でたまたま会った、ある幸平一家の関係者から『小日向は支援するな』と言われました。小日向は全面自供し、自分以外の、親である矢野さんの指示についても詳細に証言していたからです。ヤクザでは許されぬ〝親を売る行為〟です。裏切り者を支援するな、ということです。

それでもどうしても会いに行きたかった。ヤクザになり、カタギとの付き合いはなく彼も孤独だろうと思ったからです。蓋を開けてみると、その関係者も実は隠れて小日向に差し入れをしていたんです。それを知った時は嬉しかったです」

死刑が確定するまでに三回ほど小日向と面会をしたという。同じ元ヤクザとして、同じ人間として他愛のない話をした。そして死刑が確定すると面会の許可が下りなくなった。

「基本的には親族しかダメだということかと思います。文通は引き続きできたので、頻繁ではないのですが、手紙のやりとりをしました。彼は確定死刑囚という立場ですが、他の受刑者らと同様にしっかりと罪を悔い改め、改心して天国に行って欲しいと思いました。それまで彼には伝道のようなことはしていなかったのですが、思い切ってキリストの話をしてみました。最初はあまり興味を持っていないようでした。

しかし二〇一七年、彼の次男が病気で亡くなったと手紙で知りました。相当、落ち込んだようで、そこからキリストにも興味を持ち始めました」

死刑確定後、しばらくは元妻や子供たちとの交流もあったのだろう。手記にも書いたように、次男の死で初めて理不尽に愛するものを失う苦しみを知り、被害者に対する謝罪の思いを強く持てたようだ。

その後、小日向は面会が許されない進藤牧師の代理で面会に来たクリスチャンの平塚雄三弁護士の前で信仰を「告白」した。プロテスタントでは信仰することを神と人に明言すれば、クリスチャンとして認められるのだ。

「小日向は手紙で事件を起こしたことの反省の思いを綴っていたのですが、一方で矢野さんに対する恨みつらみを解消できずにいるようでした。これでは前を向けていないな、と思ったんです。そこで、被害者に対する謝罪の気持ちともっと向き合うために、手記を書いたらどうかと手紙に書きました」

それから小日向死刑囚は便箋約二五〇枚に及ぶ手記を書き上げたのだ。

「報道は確認していましたが、なぜあのような悲惨な事件が起きたのか、私も手紙だけでは知ることができませんでした。しかし、手記を読んでより納得できた部分もありました。

彼の主張だけを鵜呑みにするわけではありませんが、彼は一般人がいると思っていなかった。そして、石塚さんが殺されて、反論は相当に恐い状況ながら、何度も止めようと進言していた」

記者は、この手記を今回の単行本にまとめる前に、二〇二二年二月、一部を「文春オンライン」で公開した。

「当時はこんな風に世に出るとは思わなかったけど、結果的に良かったのではないかなと思っています。記事が公開されたことで、関係者の方から連絡を頂くこともできた。そして何より、再び彼と面会できるようになったことがとても嬉しいです」

手記の公開後、〝ダメ元〟で進藤牧師は東京拘置所を訪れ面会の申請をした。すると、死刑判決確定後に許可されなかった面会が、一転、認められたのだ。

「なぜ再び面会できるようになったのか、詳しい理由は私も小日向も分かりませんが、すんなり面会できたんです。最後に会ったのは死刑確定前なので、一〇年以上の月日が経過していました」

平成一九年に当時の東京拘置所長の名前で公開された「死刑確定者処遇規程」によると、確定死刑囚の面会は、

①本人の親族（婚姻の届出をしていないが、事実上婚姻関係と同様の事情にある者を含む）

②婚姻関係の調整、訴訟の遂行、事業の維持その他の本人の身分上、法律上又は業務上の重大な利害に係る用務の処理のため面会することが必要な者

③面会により本人の心情の安定に資すると認められる者

――に限られる。

進藤牧師は同じ幸平一家の元ヤクザでもあることから、一般論では面会は難しいように思えるが、これまでの文通や活動などから③に該当し、小日向の心情の安定に資すると認められたのだろうか。

面会が再開し、これまで一年ほどの間に一〇回近く面会を重ねている。

「もともと柔らかい印象でしたが、より丸くなったというか。誰が会っても元ヤクザとは思わないでしょう」

進藤牧師が手記の単行本化を伝えると、それを心待ちにしているという。

「彼は遺族に対する謝罪の思いを間違いなく持ち続けています。そのような自分の思いを知ってもらいたい、という思いがあるようです。印税については、受け取ってもらえなくても被害者に送りたい、と言っていた。遺族への謝罪の言葉は、事件から二〇年以上が経った現在でも繰り返し口にします。あとは、手記にも書いてあったように、このようなことが二度と起きないように、という思いも強いです」

面会が始まった当初は、プライドのせいか、弱音を吐かなかったという小日向。

「もちろん執行の話などはとてもできませんが、弱いところを全く私には見せなかった。支援する人もほかにいないのに、何かを差し入れてくれ、という話はほとんどありません。彼は甘い物が苦手なようで、せっかく入れてくれるならお菓子はやめて、ということは言われたことがありますがね」

キリスト教の洗礼を受けて

しかし、二〇二三年になり様子が変わってきたという。

「年始にコロナにかかったり、飲んでいた精神安定剤を止めたら、意識を失い外部の病院に入院したこともありました。

昨年、手記を文春オンラインが公開する際に家族に接触していいか尋ねると、彼はそっとしておいて欲しいと断りました。しかし、今年（二〇二三年）五月の手紙には『元妻や長男の連絡先を知りたい』などと書かれていました。死刑確定から今年で一四年目。嫌でも執行を意識し始め、寝られないなど精神状態もかなり悪いようです。

キリスト教についても、洗礼を受けたいと言い始めました。信仰告白だけではなく、しっかりとクリスチャンになりたいと考えるようになった。彼なりの終活が始まっているんだと思います。実際に、二〇二三年六月、東京拘置所でプロテスタントのキリスト教教誨師K師から受洗しました」

進藤牧師は元々死刑制度には反対しているが、実際に執行が近いと思われる小日向と面会することでその思いを強くしている。

「死刑廃絶が進む国際社会から取り残されますし、近年は『死刑になりたい』と言って周りを巻き込む事件が本当に多い。しかも抑止力になっていませんよね。毎年、悲惨な事件が起きています。

クリスチャンとしては、人の命はあくまでも神様が握っていると考えます。人間のすることには間違いだってつきものです。冤罪だってあり得ます」

一方で遺族に思いを馳せることもあるという。

「小日向の犯行により、一方的に大切な家族を奪われた遺族の辛さは凄まじいものだと思います。彼のことは絶対に許せない、それは当たり前です。ただ、法による復讐劇で、スッキリできるのでしょうか……。

今すぐ死刑制度を廃止せよ、というのではなく、しっかりと議論をすべきだと思います。刑務官の心理的な負担もものすごいですし、国際社会の潮流に反して、死刑制度を続けるなら続けるで、もっとしっかりと議論すべきことはいくらでもあると思うんです。何より法治国家であるのに、国民に秘密裏に死刑を執行してしまうことが問題だと考えています。誰を、いつ、どんな基準で執行を決めたのかを公表しない。法に定められ、やましいことが無いのであるならば、すべて公にするべきです。今のままでは分からないことばかりで、死刑の議論がそもそもできません」

その上で、小日向についてはこう話す。

「彼は死刑確定から一四年が経過し、いつ執行されてもおかしくありません。プライドもあるでしょうから『死にたくない』とは言いませんが、『家族に会いたい』と生きることへの希望も持ち続けているんです。

小日向はヤクザであるにもかかわらず、すべてを自白した、つまり組織を裏切るタブーを犯した。自分に不利なことも法廷で話しており、人として正しいことをしました。しかし、組織にとっては裏切り者です。対照的に、もう一人の実行犯である山田健一郎死刑囚は親や組織は売らず、自分のやったことだけを認めて最後は遺族に謝罪した。言いたいこともあるだろうに、それを堪えて刑に服そうとしているんです。山田さんとも会って話がしたいのが本音です」

そんな小日向をヤクザも世間も許さなくても、私は最後まで寄り添います。目の前にいる小日向は、残虐なヒットマンではありません。アクリル板越しに話していて、ふと思うんです。何かが違えば、私もあっちにいたのかもしれないな、と。見捨てることはしません」

そう、静かに締めくくった。

小日向から届いた礼状、そして

死刑囚の手記が世に出ることは非常に稀だ。日本の死刑囚は家族などを除き、外部との交流を基本的に許されないため、死刑囚の多くは執行の日を静かに待っているのだろう。

彼が書いた手記を読み、裁判資料に目を通し、事件の関係者などの取材に多くの時間を費やした。しかし記者は面会はおろか、文通をする許可も下りないので、直接、意思の疎通をしたことはない。進藤牧師の手紙の中に、記者が聞きたいことを書いてもらうと、拘置所の検閲でひっかかり黒塗りになってしまったこともあった。

唯一、直接彼と関わることができるのは、差し入れを入れたときに小日向死刑囚から来る礼状のみだ。返事を書いても彼には届かない。

「前略、山本浩輔様　このたびは、たくさんのうれしい差し入れをいただきましてありがとうございました。まずは、お礼まで。　二〇二三、令五、五／一九（金）記　小日向将人」

小日向もこれ以外のことを書くことは許されない。手が震えているのか、ふにゃふにゃな字で書かれていたこともあった。

単行本の編集、執筆作業をしていて驚いたのは、小日向の記憶が鮮明なことだ。彼の時計は二〇年前の事件の日から動いていないのではないか。

二〇二三年八月、単行本の初稿ゲラを小日向に送った。すると、進藤牧師に対して事細かな多くの赤字の修正依頼とともに、「あなたならどうしますか?」と題された文章を足してほしいとの依頼があった。

※　　　　※

「あなたならどうしますか?」

私はいったいどうすれば良かったのだろうか? 愛する優しい妻やまだ小さい子供が3人もいて、幸せだったのに……。ある日突然命令されて、私の人生は決まってしまった。やりたくなかった。逃げ出したかった。でも逃げても追われて殺される。愛する家族も危険になる。やっても死刑、逃げても殺される。愛する家族も危険になる。いったいどうすれば良かったのだろうか? 誰か教えて欲しい。

今でも毎日考えている。でも答えは出ない。どちらにしても私には「死」しかなかったのか。二審の裁判官は「警察に保護を求めればよかった」と言った。一生守ってくれるのか。子供が学校に行くときも、妻が買い物に行くときも、私が仕事に行くときも一生……ありえない。実際に警察に保護を求めた人もいたが殺されている。

一審の判決後、検察官が訪ねて来て「証人になってくれないか」と言われ、（共犯者の裁判などでも）証言してきた。それでも二審判決で、「情状酌量の余地はない」とされ、死刑が確定した。わたしは一体どうすれば良かったのだろうか。

そして今は毎日「死」を待っている。今日か明日かと……。私の人生は何だったのだろう。毎日考える。でも答えはでない。あなたならどうしますか？

※

二〇二三年一〇月現在、進藤牧師によると、小日向は迫る死期を感じ取っているのか精神的に安定しない日や、体調を崩す日が増えているという。連絡を取れなくなって長い、元妻や子供たちを話題にすることが増えているという。

いつ執行の日を迎えるのだろうか。その日の朝、小日向は何を思うのだろうか。

小日向が進藤牧師に託した「遺言状」で締めくくりたい。

「遺言状」

愛する子供たちへ。淋しい思いをさせ、肩身のせまい思いをさせ、苦労をかけて本当にすまなかった。何もしてやれなかった。ゴメンね。女手ひとつで子供3人育てあげるのは、並大抵の苦労ではない。それをお前たちのママは1人でやってのけた。体が弱いのに。また、たくさんの人にはげまされながら。じじ、ばば、Kちゃん（※遺言状ではKは漢字）、Kちゃんのおじちゃん、練馬のおじちゃん、沖縄のおじちゃん、おばちゃん、お姉ちゃんたち。その他たくさんの人たち。この人たちの恩を忘れてはいけないよ。お前たちが淋しくないように、入学式にかけつけてくれたり、運動会に応援に行ってくれたり、誕生日にはケーキやプレゼントをしてくれたり、キャンプや釣りに連れてってくれたり。じじ、ばばは年なのに毎日送り迎えしてくれたよ。ママは仕事でつかれてるのに、寝ないで遊びに連れてってくれたんだよ。たくさんの人がお前たちのめんどうを見てくれたんだよ。1人で大きくなったんじゃないんだよ。お前たちに子供ができた時、子供を育てる大変さがわかるだろう。ママの偉大さを思い知るだろう。ママに感謝しなさい。ママを大切にしなさい。貧乏でもいい、肩よせあって、助け合って幸せに暮らすのが家族なんだよ。あとのことはどうでもいいんだよ。これだけは覚えていてほしい。「人生で1番大切なのは家族」なんだよ。金や名誉なんてどうでもいいんだよ。忘れちゃだめだよ。悪いことはしちゃいけないよ。ママに心配かけちゃいけないよ。これからは自分たちで人生を切りひらいていくんだよ。自分で信じたことを何でも挑戦しなさい。失敗を恐れてはいけないよ。たくさん失敗しなさい。失敗は成功のもとなのだから。何でも経験してごらん、自分を高めるために。勇気を出して前に進みなさい。そして、心から愛する人をみつけて結婚しなさい。ママのようにやさしくて、思いやりがあって、根性のある人をみつけて家庭を築きなさい。「1人より2人、これをこれを忘れたもうな　サトーハチロー」1人でいるのはよくないよ。家族や友達を大切に。ママのことをたのむよ。ママを1人ぼっちにしてはいけないよ。ママを幸せにしてやってね。ママ孝行するんだよ。ママをたのむよ、ママをたのむ……。

最愛のママへ、女1人の子育て、本当にご苦労様でした。ひどいぜんそく持ちで体が弱いのに文句一つ言わず、よくがんばったね。本当に苦労をかけて申し訳なかった。ひどかった手の赤ギレはよくなったの？　ぜんそくは苦しくないの？　苦しい時はちゃんと病院へ行って点滴するんだよ。それでもダメなら入院して、ゆっくり体をやすめるんだよ。タバコはやめたの？　やめなきゃだめだよ。ちゃんと毎年検査もするんだよ。長生きしてね。今度は孫をかわいがってやってね。苦労ばかりかけて、何もしてやれなかった。本当にすまなかった。会えなくなって、もう何年たつだろう？　1人ぼっちになっちゃったよ。会いたいよ。1人ぼっちはもういやだよ。だったらもう早く死にたいよ。自由になりたいよ。家族の思い出のいっぱいつまった、あのキレイな沖縄の海へ帰りたいよ。死んでしまった愛する息子T君(※遺言状では実名)の骨をまいた同じ所へ。オイラが死んでよろこぶ人はたくさんいるよ。でも悲しんでくれる人はもういないよ。淋しいよ。でも、ママと子供たちさえ無事なら、幸せなら、オイラはどうなってもいいよ。今でも思い出す、始めてママと出会った日のことを。ママはピンクのツーピースを着てたね。とてもかわいかったよ。始めてプレゼントした物、おぼえてる? 色んな意味を込めて送ったんだよ。色んな事があったね。だまってささえてくれたね。たくさんケンカもしたね。子供たちができてうれしかったよ。本当にオレの子なのかと信じられないくらいかわいかった。色んな所へ行ったね。たくさんの思い出があるね。せまいアパートに家族、川の字になって寝たね。幸せだったのにね。家族でずっと一緒にいたかったよ。子供たちに色々おしえてやりたかったよ。オーロラも見に行く約束だったたね。約束を果たせずごめんね。毎日思い出すよ、くやしいよ。書きたいことはつきないけれど、ママや子供たちを守るために、やむをえず「離婚」という選択を取ったことを赦してね。淋しい思いをさせてゴメンね。そうするしかなかったんだよ、弁護士にまで脅されて。ママならわかってくれるよね。もし子供たちがオレのことを知りたがったら、話してやってほしい。知ってるのはママだけなのだから。最後に、神様にママと子供たちの幸せを毎日祈っているよ。苦労かけてゴメンね。

これからは、自分の体のことと、幸せを考えてね。ご苦労様でした。そして本当に、

「ありがとう」

今でも、大好きなママへ子供たちへ。

手記を単行本化するにあたり、小日向と面会・文通を続けた進藤龍也牧師、手記の宅下げ（拘置所から外に出すこと）をした平塚雄三弁護士、長時間の取材に応じ単行本の監修をして頂いた元警視庁組対四課管理官で、「STeam Research&Consulting株式会社」代表取締役の櫻井裕一氏のほか、取材に応じて頂いたすべての方々に感謝したい。

確定死刑囚・小日向将人をめぐる住吉会幸平一家矢野睦会が起こした事件年表

二〇〇一年八月一八日　四ツ木斎場事件（稲川会大前田一家の組員が住吉会の会葬で幹部ら二人を射殺）
二〇〇一年九月　稲川会が大前田一家総長（仮名、佐川）らを絶縁し、住吉会と和解
二〇〇二年二月二一日　矢野睦会が佐川宅近くの会社員宅に銃弾を撃ち込む
二〇〇二年二月二五日　日医大ICU事件（石塚隆組長が射殺される）
二〇〇二年三月一日　佐川の家を火炎放射器などで襲撃、小日向将人死刑囚も参加
二〇〇二年一〇月五日　小日向、後藤邦雄の襲撃に向かう際に交通事故に遭う
二〇〇二年一〇月一四日　ゴルフ帰りの後藤を襲撃（白沢事件）、小日向は事故で参加せず
二〇〇三年一月二三日　小日向、井口行動隊長に襲われる
二〇〇三年一月二五日　前橋スナック銃乱射事件（三俣事件）
二〇〇三年一月二八日　井口行動隊長が出頭も実行犯などは黙秘
二〇〇三年三月　前橋地検、白沢事件の襲撃車両に関与の二人を盗品等斡旋の罪で起訴、矢野睦会への捜査が迫る
二〇〇三年七月八日　群馬県警が矢野治元死刑囚を放火予備容疑（佐川宅襲撃）で逮捕
二〇〇三年九月一日　警視庁が日医大ICU事件で矢野ら三人を殺人と銃刀法違反容疑で逮捕
二〇〇三年一〇月三一日　フィリピンから強制送還された小日向を旅券法違反容疑などで警視庁が逮

捕
二〇〇三年一二月五日　白沢事件で犯行に使われた車を盗品とわかりながら譲り受けた盗品等有償譲受け容疑で小日向を逮捕（群馬県警に身柄が移される）
二〇〇四年二月一一日　小日向が「自分がスナック銃乱射事件の実行犯である」という内容の上申書を提出
二〇〇四年二月一七日　矢野、小日向を殺人、銃刀法違反などで逮捕。山田健一郎死刑囚を指名手配
二〇〇四年五月六日　鹿児島市内で逃亡していた山田が逮捕される
二〇〇四年五月三一日　前橋地裁で小日向、矢野の初公判
二〇〇五年三月二八日　小日向、殺人などの罪で死刑判決（一審・前橋地裁）
二〇〇六年三月一六日　東京高裁が小日向の控訴棄却（二審も死刑）
二〇〇六年六月一九日　前橋地裁、井口行動隊長に懲役十五年判決
二〇〇六年一一月二八日　東京地裁の矢野の公判で、山田が自らの関与を初めて認める
二〇〇七年一二月一〇日　東京地裁が矢野に死刑判決
二〇〇八年一月二一日　前橋地裁が山田に死刑判決
二〇〇九年七月　最高裁が小日向の上告棄却（死刑確定）
二〇一三年六月　最高裁が共犯者、山田の上告棄却（死刑確定）
二〇一四年三月　矢野の上告を最高裁が棄却。矢野、小日向、山田の三人の死刑が確定することとなる
二〇一四年九月　矢野が目白署長にときがわ事件の手紙

二〇一五年五・六月　矢野が渋谷署長に伊勢原事件の手紙
二〇一六年四月　神奈川県伊勢原市の山中から遺体見つかる
二〇一六年一一月　埼玉県比企郡でときがわ事件の被害者の白骨遺体見つかる
二〇一八年一一月　小日向の再審請求がすべて棄却される
二〇一八年一二月　矢野が新たな二人殺害について無罪、検察控訴せず裁判終了
二〇二〇年一月二六日　矢野が東京拘置所で自殺
二〇二〇年〜二〇二一年ごろ　小日向が東京拘置所で手記を執筆
二〇二三年六月　小日向がプロテスタントのキリスト教教誨師より受洗

本文章扉写真：共同通信フォトサービス／文藝春秋写真部

カバー写真：文藝春秋写真部

帯写真：共同通信フォトサービス

初出：「文春オンライン」（２０２２年2月11日、13日）に
掲載された記事に大幅に加筆をいたしました。

解説

山本浩輔（やまもと・こうすけ）

1986年生まれ、埼玉県出身。東京外国語大学ロシア語専攻卒。産経新聞社の社会部で検察庁などを担当した後、2023年まで文春オンライン・週刊文春記者として全国で発生する事件・事故を取材。犯罪抑止や更生支援をテーマに専門家へのインタビューも多く手がけた。元ヤクザの進藤龍也牧師による〝刑務所伝道〟に関心を持ち、同師と文通を重ねていた小日向将人死刑囚が約20年前に起こした前橋スナック銃乱射事件について調べ、本書をまとめた。

死《し》刑《けい》囚《しゅう》になったヒットマン

「前《まえ》橋《ばし》スナック銃《じゅう》乱《らん》射《しゃ》事《じ》件《けん》」実《じっ》行《こう》犯《はん》・獄《ごく》中《ちゅう》手《しゅ》記《き》

2024年1月30日　第1刷

著　者　小《こ》日《ひな》向《た》将《まさ》人《と》　山《やま》本《もと》浩《こう》輔《すけ》

発行者　大松芳男

発行所　株式会社　文藝春秋

〒102－8008 東京都千代田区紀尾井町三－二三

☎〇三－三二六五－一二一一（代表）

印刷所　精興社

製本所　大口製本

DTP　エヴリ・シンク

ISBN978-4-16-391776-4

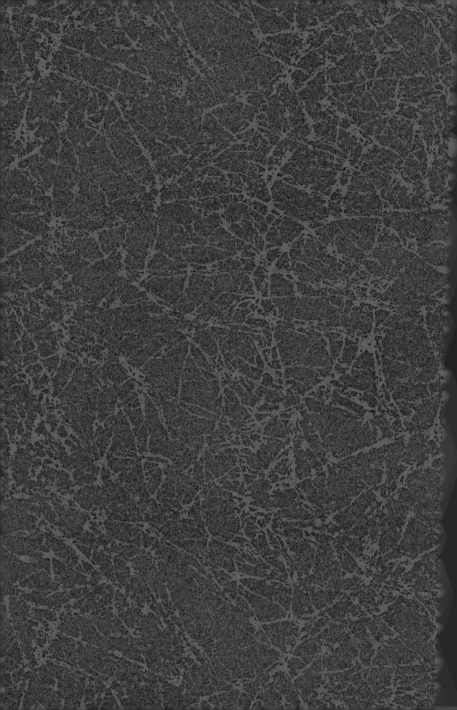